西安工业大学专著基金资

# 中国传统文化元素与现代艺术设计融合性研究

高莹 著

吉林人民出版社

**图书在版编目 (CIP) 数据**

中国传统文化元素与现代艺术设计融合性研究 / 高莹著 . -- 长春 : 吉林人民出版社 , 2022.7
ISBN 978-7-206-19341-5

Ⅰ . ①中… Ⅱ . ①高… Ⅲ . ①中华文化 – 关系 – 艺术 – 设计 – 研究 Ⅳ . ① K203 ② J06

中国版本图书馆 CIP 数据核字 (2022) 第 166202 号

**中国传统文化元素与现代艺术设计融合性研究**
ZHONGGUO CHUANTONG WENHUA YUANSU YU XIANDAI YISHU SHEJI RONGHE XING YANJIU

---

著　　者：高　莹
责任编辑：张　影　李子木　　　　封面设计：袁丽静
吉林人民出版社出版 发行（长春市人民大街 7548 号）邮政编码：130022
印　　刷：石家庄汇展印刷有限公司
开　　本：710mm × 1000mm　　1/16
印　　张：11.25　　　　字　　数：185 千字
标准书号：ISBN 978-7-206-19341-5
版　　次：2022 年 7 月第 1 版　　　　印　　次：2022 年 7 月第 1 次印刷
定　　价：78.00 元

---

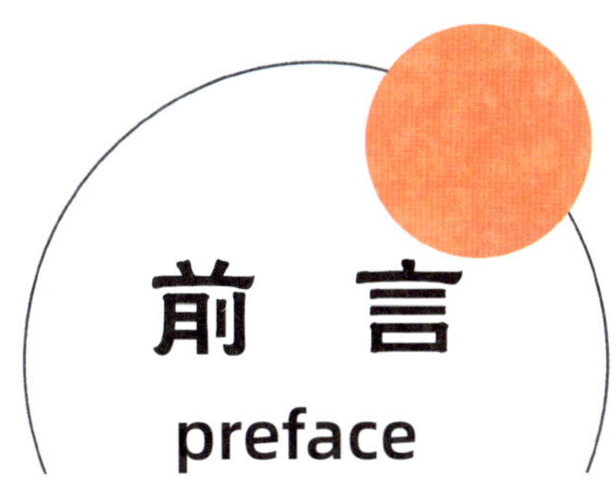

# 前言

preface

中国传统文化是指在长期的历史发展过程中形成和发展起来，保留在每个民族中间并具有稳定形态的文化。它包括价值取向、思维方式、思想观念、礼仪制度、文学艺术、风俗习惯等诸多层面的内容。传统文化作为一种历史遗产在现实生活中的展现，具有丰富的精神内涵，并且负载着一个国家的价值取向。当前，中华民族伟大复兴呈现出光明的前景，我们比历史上任何时期都更接近、更有信心和能力实现中华民族伟大复兴的目标。在这一背景下，传承和发展中国传统文化就显得非常有必要。

现代艺术设计作为一种艺术表现形式，在现代社会中发挥着非常重要的作用，而将传统文化融入现代艺术设计之中，不仅满足了传统文化传承和发展的需求，还满足了现代艺术设计发展的需求。在当前的社会大环境下，人们对现代艺术设计提出的要求越来越高，而将传统文化元素融入现代艺术设计之中，能够从设计理念、设计形式和设计内涵等方面对现代艺术设计的发展起到积极的促进作用。与此同时，现代艺术设计也能够在传统文化的保护、传承和发展方面起到积极的作用。因此，将中国传统文化元素融入现代艺术设计之中不仅非常有必要，还具有重要的意义。

本书便是在这一理念下撰写的。本书共分为六章：第一章对中国传统文化的内涵与特征、主要内容、思维方式进行了论述；第二章对现代艺术设计的要素、类型以及设计思维和创意进行了论述；第三章对中国传统文化与现代艺术设计的关系及融合的必要性进行了分析；第四章立足于汉字、色彩和图形三个要素，对中国传统文化元素在现代艺术设计中的创意体现进行了探索；第五章进一步探索了中国传统文化元素与现代艺术设计融合的策略；第六章以视觉传达设计为例，从包装设计和文创产品设计两个方面着手，列举了一些实践案例，以此来进一步说明中国传统文化元素与现代艺术设计的融合。

本书在撰写过程中使用了大量的图片，图文结合的形式更易于读者理解，因笔者水平有限，书中难免有疏漏和不足之处，还望广大读者批评指正。

目 录
contents

# 第一章　走进中国传统文化

## 第一节　中国传统文化的内涵与特征

### 一、中国传统文化的内涵

#### （一）中国传统文化的含义

1. 文化

要明晰中国传统文化的含义，首先需要明晰文化的含义。何谓文化，如何界定其含义？目前学界仍没有统一的定论。文化之所以难以界定，大致有两个原因：一是存在多种文化理论，二是语源学角度上存在各种语言歧义。文化理论多元，依据文化理论界定的文化自然也不同；而在不同的民族语言中，对文化的界定也会存在差异。下面我们将分别就中外学者对文化的界定进行简要阐述。

在我国古汉语中，“文化”一词最初的含义是指文治教化，表达的是一种社会治理的理念。到唐代，关于“文化”一词的解读发生了变化。唐代经学家孔颖达认为，文化即社会文化，包括文学艺术、礼仪风俗等上层建筑的东西。孔颖达对“文化”一词的解读一直影响到明清时期。到了现代社会，对“文化”一词的解读再次发生了变化，并且出现了不同的说法。比如，《辞海》中对文化的界定：“广义指人类社会的生存方式以及建立在此基础上的价值体系，是人类在社会历史发展过程中所创造的物质财富和精神财富的总和。狭义指人类的精神生产能力和精神产品，包括一切社会意识的自然科学、技术科学、社会意识形态。”再如，学者张岱年和程宜山指出，文化是人类在处理人与世界关系中所采取的精神活动和实践活动的方式及其所创造出来的物质和精神成果的总和，是活动方式与活动成果的辩证统一。①

西方语言中的“文化”一词源于拉丁文 cultura，本意为“耕作、栽培、养育”等。到了 18 世纪，“文化”一词在西方的语言中发生了变化，表示“艺术的普遍状态”“社会知识发展的普遍状态”。后来，随着社会学、人类学的发展，关于“文化”一词的界定也在不断清晰。英国的文化人类学家爱德华·伯内特·泰勒在《原始文化》一书中对“文化”一词做了解读：“从广泛的人种学的意义上来说，文化或文明是一个复杂的整体，它包括知识、信仰、艺术、法律、道德、风俗以及人作为社会成员所获得的一切能力和习惯。”② 美国社会学家伊恩·罗伯逊从社会学家的角度出发，认为文化包括大家共同享有的物质的和非物质的全部人类社会产品，其中物质文化包括一切由人类创造出来的并赋予它意义的人工制品或物体，非物质文化则由比较抽象的创造物组成。③

综合古今中外学者对“文化”含义的解读，笔者认为文化可以界定为，人类在社会历史发展进程中所创造的物质财富和精神财富的总合。如果对其含义做进一步的阐述，大体可分为三个层次。

第一，社会文化。社会文化是指社会成员共同遵守社会规范和行为规范所表现出来的文化，包括制度、风俗、法律、信仰等。无论在任何时代，对文化的描述都会包含社会文化，这是人类活动中的重要部分。

第二，物质文化。物质文化是指人类创造的物质产品体现出的文化，它与社会经济活动有着直接的联系，并影响着社会经济活动的组织方式。物质文化反映着人类物质文明的发展水平，同时也是其他文化发展的重要基础。

---

① 张岱年，程宜山．中国文化论争 [M]. 北京：中国人民大学出版社，2006：3.

② 爱德华·伯内特·泰勒．原始文化 [M]. 蔡江浓，译．杭州：浙江人民出版社，1988：1.

③ 伊恩·罗伯逊．社会学 [M]. 黄育馥，译．北京：商务印书馆，1991：82.

第三，精神文化。精神文化是指人类在从事物质文化基础生产上产生的一种人类所特有的意识形态，它是人类各种意识观念形态的集合。精神文化是文化的核心层，包括思想、观念、意识等。从民族和国家的角度来看，精神文化承载着一个民族、一个国家的精神追求，同时也是不断推进物质文化的内在动力。

文化通过这三个方面的载体体现着人类生存的价值和样态，体现着“人之为人”的自觉。

2. 中国传统文化

在对文化的含义进行剖析之后，便可以进一步针对中国传统文化的含义做解读。传统文化作为一种历史遗产在现实生活中的展现，具有丰富的精神内涵，并且负载着这一个国家的价值取向。而中华民族多元一体的发展格局，决定了中国传统文化具有综汇百家优点、兼具八方智慧的显著特点。这一特点在中国传统文化发展的过程中不断凸显，因为在发展的过程中，中国传统文化始终在吸收时代精神要义与其他文化的精华，以使自身不断地更新和完善。中国传统文化虽然形成于过去，但一直贯穿到现在，势必还会一直影响到未来。

### （二）中国传统文化的精神内涵

在中华民族发展的历史进程中，中国传统文化所具有的精神内涵是人们重要的思想源泉，它指导着人们的生活行为，并推动着社会的发展。具体而言，中国传统文化的精神内涵大致可归结为如下六个方面（图 1–1）。

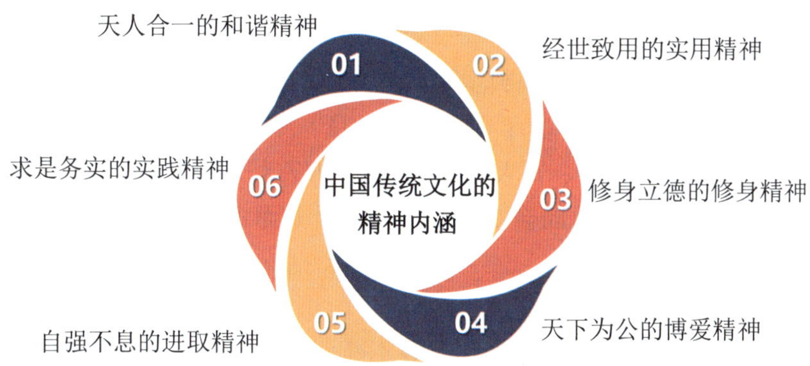


图 1–1　中国传统文化的精神内涵

1. 天人合一的和谐精神

天人合一的精神思想是古人对人与自然关系的基本认知，这一精神思想最早出现于战国时期，孟子是这一思想的倡导者。在《孟子·尽心上》中有“上下与天地同流”和“万物皆备于我”的言论，其意思是人与万物为一体。到北宋时期，张载在总结前人成果的基础上，更加系统地对天人合一这一精神思想进行了论述。张载在《正蒙·乾称篇》中指出：“因明致诚，因诚致明，故天人合一。”其意思是，由明察人伦而通达天理之诚，由通达天理之诚而洞明世事，因此天与人相合为一。天人合一体现了中国古人“万物同源、和谐共处”的思想观念，它指出了人与自然辩证统一的关系，因此人的实践活动应充分尊重自然的运行规律，并与自然和谐相处、共同发展，而非凌驾于自然之上。

2. 经世致用的实用精神

经世致用是指学习、征引古人的文章和行事，应以治事、救世为急务。这一精神思想最早可追溯至先秦时期，孔子便是这一思想的倡导者。其实，孔子所创立的儒家思想，其本身就是一种“入世哲学”，孔子大力宣传其思想，就是为了改变春秋末年礼崩乐坏的局面，恢复他理想中的社会秩序。如果我们对儒家思想进行深入剖析，便可以发现它与其他哲学思想的不同，它没有对世界本原问题进行思辨性的分析，而是实用地教人们如何行事、如何治国。由此可见，儒家思想在产生之初便具备很强的经世致用的特质，它对古代中国的知识分子产生了很大的影响，他们在吸收了经世致用的精神思想后，形成了很强的实用精神，并将这种经世致用的实用精神付诸行动，即自觉地关注国事、关心时政、针砭时弊。

3. 修身立德的修身精神

修身立德本质上是对精神世界的塑造。儒家提出“三纲”“八目”，“三纲”即“明明德、亲民、止于至善”，“八目”即“格物、致知、诚意、正心、修身、齐家、治国、平天下”。由此，古人对修身立德的重视可见一斑。在今天，修身立德同样十分重要。就个人而言，如果不修身、不立德，就会陷入精神的虚无，也会迷失前进的方向；就一个民族、一个国家而言，如果失去正确价值观锚定的“德”，那么整个民族都会行无依归，更无从谈发展。因此，每个人都需要不断地锤炼自己的品德修为，不断地砥砺品格，从而在精神层面获得更深沉、更持久的力量，并坚定前行。

4. 天下为公的博爱精神

天下为公是一种博爱精神，出自《礼记·礼运》中的“大道之行也，天下为公”，意思是在大道施行的时候，天下是人们所共有的。这种博爱精神在其发展的过程中内涵也在不断丰富，其中影响最为广泛的就是“以天下为己任”的博爱精神。范仲淹的“先天下之忧而忧，后天下之乐而乐”，戚继光的“封侯非我意，但愿海波平”，林则徐的“苟利国家生死以，岂因祸福避趋之”等，都体现了他们以天下为己任的博爱精神。无论是“天下为公”，还是“以天下为己任”，都是一种为国家、为民族的博爱精神的体现，它是一种崇高的理想境界，同时也是中国人民的一贯追求。

5. 自强不息的进取精神

《周易》有云：“天行健，君子以自强不息。”意思是宇宙在不停地运转，人们应该学习天地，永远不断地前进。自强不息作为中国传统文化中一个重要的精神内涵，在先贤的言行中体现得淋漓尽致。例如，孔子的“发愤忘食，乐以忘忧，不知老之将至云尔”，墨子的“强必贵”“强必荣”，老子的“胜人者有力，自胜者强”，等等。自强不息的进取精神自形成的那天起，便对每个中国人都产生了深刻的影响。司马迁在《报任少卿书》中有言：“盖文王拘而演《周易》；仲尼厄而作《春秋》；屈原放逐，乃赋《离骚》；左丘失明，厥有《国语》；孙子膑脚，《兵法》修列；不韦迁蜀，世传《吕览》；韩非囚秦，《说难》《孤愤》；《诗》三百篇，大底圣贤发愤之所为作也。”这些都体现了先贤在面对挫折时不屈不挠、自强不息的精神。如今，这种自强不息的进取精神已经成为中华民族的民族精神与民族品格，每个人都应该具备这种精神，真正做到“富贵不能淫、贫贱不能移、威武不能屈”。

6. 求是务实的实践精神

“求是”是指要实事求是，不断地认识事物的本质，把握事物的规律性；“务实”则是指在把握事物规律性的基础上，去做、去实践。由此可见，求是与务实既相互独立，又相互联系。关于求是，孔子指出：“知之为知之，不知为不知，是知也。”意思是说知道就是知道，不知道就是不知道，这样才是真正的智慧。在孔子看来，实事求是是一种智慧。而关于务实，荀子有言：“不闻不若闻之，闻之不若见之，见之不若知之，知之不若行之。”意思是说没有听到的不如听到的，听到的不如见到的，见到的不如了解到的，了解到的不如去实行。在荀子看来，学习的最终目的就是要实践，经过实践之后，才能真正地理解知识。在中华民族的发展历程中，这种求是务实、身体力行的实践精神已经成为中国传统文化的重要组成部分，并成为人们生活的行为准则。

## 二、中国传统文化的特征

### （一）统一性

统一是中国传统文化的一个重要特征，这是中国传统文化能够绵延数千年而不中断的一个重要原因。自公元前 221 年秦始皇统一六国之后，统一便成为主流，虽然在两千多年的历史长河中，也存在分裂，但相比较而言，统一的时间无疑更长，即便在某些特殊时期，分裂的情况长期没有得到改善，但人心是趋向统一的。在这种政治统一的背景下，文化也自然会表现出统一的特征。如果对中国传统文化的统一性做进一步的阐述，那么可以说其具体表现在文字统一、思想统一和民族融合三个方面。

1. 文字统一

在秦统一六国之前，由于各国的文化是在其限定的地域范围内形成的，因此各国都形成了自己独特的语言和文字，而在秦统一六国之后，文字异形为秦朝的管理带来了很大的困难。于是，秦始皇命令李斯等人对文字进行整理和统一，将隶书作为日用文字，将小篆作为标准文字。自此，各国的文字开始走向统一。在中国两千余年的发展历程中，文字的统一对政治的统一、文化的传承、中国人民的凝聚、民族间的团结以及中华民族共同的道德、心理的形成发挥着重要的作用，与此同时，文字的统一也成为中国传统文化统一性的重要表现。

2. 思想统一

传统文化思想的统一性表现在中国传统文化在两千多年的发展历程中，始终以儒家思想为主体。关于思想的统一，很多人都存在误解，他们认为思想的统一会影响文化的多元化发展。其实，一个国家追求思想的统一只是为了形成一个统一的价值规范，这样才能更好地凝聚人心，从而保障国家内部的安定与和谐。从中国传统文化的发展历程来看，虽然始终以儒家思想为主体，但并未限制其他思想的发展，始终在兼收并

蓄外来文化。总体而言，中国传统文化的常态是以儒家文化为主，其他文化为辅，同时兼收并蓄其他文化，这种常态促使了中华民族思想的统一，也为国家的长盛不衰提供了保障。

3. 民族融合

关于民族融合，有两种含义：一种是站在人类发展的整体历程中，即当人类发展到一定阶段后，世界上所有民族间的特征和差异都会逐渐消失，最终形成一个没有民族界限的人类整体；另一种是将民族融合看成一种普遍的历史现象，即在人类社会发展的过程中，两个或两个以上的民族由于相互影响，彼此间的共性逐渐增多，最终实现各民族间和谐发展。显然，本书所指的民族融合是后一种含义。对于多民族国家而言，民族融合是一个必然趋势，也是一个普遍存在的现象。中国作为一个多民族共存的国家，在其发展的历史长河中，自然也与民族融合有着紧密的联系，而民族融合的过程促进了经济和文化的交流，并推动了中国文化的统一。

### （二）包容性

包容性是中国传统文化的另一个重要特征，这也是中国传统文化发展数千年而不中断，且一直保持强大生命力的一个重要原因。具体来说，中国传统文化的包容性主要体现在以下两个方面。

1. 境内各民族、各地域文化的融合

中国是一个多民族共存的国家，不同的民族有着不同的文化，而且中国幅员辽阔，较为完备的“地理隔绝机制”又使得不同地域间的文化也产生了差异。当然，早在先秦时期，不同民族间、地域间就有着十分普遍的文化交流，而各民族、各地域的文化也在交流中博采众长，彼此间相互影响、相互融合，最终形成了丰富多彩的中国传统文化。

2. 对境外不同文化的同化力

同化力是指中国传统文化对境外文化吸纳和消化的能力。中国在发展的历程中，与境外很多国家都有经济贸易上的往来，而伴随着经济贸易的往来，彼此间的文化也在相互渗透和影响。面对境外不同国家的文化，中国传统文化表现出了极强的同化力，它在保持文化本土性的同时，博采众长，不仅丰富了中国传统文化的内涵，还增强了中华优秀传统文化的生命力。

### （三）连续性

中国传统文化的连续性是整个人类文明史上所独有的。世界上存在很多原生性文明，如古埃及文明、古印度文明、古巴比伦文明等，但这些文明在发展的历程中都曾中断过，这使得其文化呈现出不连续性的特征。而中华文明自诞生之日起便从未中断过，这使得中国的文化体系成为全世界唯一一种长期发展而从未中断过的文化。中国传统文化历经数千年从未中断，既有内在因素的影响，也有外在因素的影响。

内在因素是指中国传统文化自身所具有的特征。前文提到的统一性和包容性作为中国传统文化两个重要的特征，在很大程度上影响着中国传统文化的发展，正是因为不断的包容，并保持着统一，才赋予了中国传统文化强大的生命力，使得中国传统文化自身便具备了长时间连续发展的可能。

外在因素主要有以下两点。第一，地理因素。中国幅员辽阔，且地理环境复杂，这使得中国在抵御外族入侵上具有天然的地理优势。而其他的诸多古文化体系，如尼罗河流域的古埃及文化，幼发拉底河和底格里斯河流域的苏美尔、腓尼基地区文化，克里特岛上的爱琴文化以及迈锡尼文化等，都是建立在比较单一的水系和平原上，缺少保护其文化的自然屏障，一旦遭遇外族入侵，便极有可能出现文明中断的情况，进而导致文化的中断。比如，古罗马文化就是在日耳曼人的大举入侵后中断的。第二，血缘关系。中国自古以来就非常重视血缘关系，这种血缘关系影响着古代中国的政治，同时也影响着中国传统文化的发展。关于中国的血缘关系，张光直指出："在中国古代，文明和国家起源转变的阶段，血缘关系不但未被地缘关系所取代，反而是加强了，即亲缘与政治的关系更加紧密地结合起来。"① 这种亲缘与政治的结合，不得不视为中国古代社会的一种特性，并体现为西周社会的宗法制，以及秦汉以后的血缘宗族社会形态。从某种意义上来说，文化是依附于人而存在和传承的，而在中国文化发展的历程中，只要血缘关系不中断，文化也会随之不断传承和发展。

① 张光直.中国青铜时代二集[M].北京：生活·读书·新知三联书店，1990：118.

在内在因素和外在因素（上述几点内因和外因只是笔者的拙见，也可能存在其他因素）的共同作用下，使得中国传统文化表现出了极强的生命力，成为诸多原生性文化中唯一一个历经数千年而从未中断的文化体系。

### （四）泛道德性

“德”在中国传统文化中占有非常重要的地位，它赋予了中国传统文化泛道德性的特征，并突出体现在政治、经济、文化等多个方面。

1. 政治的道德化

政治的道德化可以概括为两个字——德治，这是中国传统文化中“德”思想对中国古代政治影响最为突出的一点。关于德治，《论语·为政》中有言：“为政以德，譬如北辰，居其所，而众星共之。”意思是说用道德的力量去治理国家，自己就会像北极星那样，安然处在自己的位置上，其他星辰都环绕着它。笔者认为此段话的核心应该是“德治”，即治国者要学会用道德的力量去治理国家，这样便可以达到“安民”的政治效果。其实，在《论语》中，孔子多次提到过德治，概括起来大致有三点：①为政必先“正名”；②为政在于“欲善”；③为政在于“修身”。在孔子提出“德治”之后，政治道德化便成为中国政治的常态，政治和道德逐渐融为一体。

2. 经济的道德化

经济的道德化主要体现在两个方面：一是取财有道，二是诚信为本。《论语·里仁》有言：“富与贵，是人之所欲也；不以其道得之，不处也。贫与贱，是人之所恶也；不以其道得之，不去也。”意思是说有钱有地位，这是人人都向往的，但如果不是用仁道的方式得来，君子是不接受的；贫穷低贱，这是人人都厌恶的，但如果不是用仁道的方式摆脱，君子是不摆脱的。经济的发展对一个国家的重要性不言而喻，但在孔子看来，经济的发展应该建立在“德”的基础上，每个人都应做到取财有道。此外，在经济活动中，每个人也都应该做到诚实守信。《论语·为政》有言：“人而无信，不知其可也。”意思是说一个人不讲信用，真不知道他怎么可以立身处世。在孔子看来，诚信是一个人的立身之道，只有具备言出必行的态度，才能赢得他人的信任。经济活动作为社会活动的组成部分，更需要以诚信为本，这样才能促进经济的健康发展。

3. 文学的道德化

文学的道德化可以概括为四个字——文以载道，即文学作品要蕴含深刻的道理，并能够说明道理和表达思想。这一点，在诸多的传统文学作品中都有体现。比如，《左传》中的“居安思危，思则有备，有备无患”，《战国策》中的“亡羊而补牢，未为迟也”，《三国志》中的“勿以恶小而为之，勿以善小而不为”，等等。一直到今天，很多文学作品仍旧秉持着“文以载道”的思想（当然，“文以载道”并不是写文章的唯一标准），它们在传播道理、引导民众思想等方面发挥了重要的作用。

## 第二节　中国传统文化的主要内容

根据第一节对中国传统文化的定义可知中国传统文化包罗万象，其宽泛程度举世无双。如果对传统文化的内容进行概括，笔者认为可以从中国传统物质文化、中国传统哲学、中国传统文学、中国传统艺术、中国民俗文化五个方面着手。

### 一、中国传统物质文化

中国传统物质文化是中国传统文化的基础，只有物质需求得到满足，才能进一步发展其他文化。具体而言，中国传统物质文化主要体现在三个方面，即饮食文化、服饰文化和建筑文化。

#### （一）饮食文化

俗话说，民以食为天，饮食是人们日常生活的重要组成部分，同时也是中国传统物质文化的一个重要方面。

1. 中国传统饮食文化的特征

中华民族的饮食文化是随着中华民族的发展而形成和发展起来的，其特征突出表现在四个方面，即食材的广泛性、菜品制作的多样性、饮食习俗的传承性和创新性、区域饮食文化的交融性。

（1）食材的广泛性。中国幅员辽阔，南北跨越热带、亚热带、暖温带、中温带和寒温带五个温度带，且地形地貌复杂多样，包含山地、高原、丘陵、平原、湿地、盆地等，而在不同的气候和地貌环境下，其所形成的食材也存在差异，也正是这种差异赋予了中国食材广泛性的特点。

（2）菜品制作的多样性。在菜品制作上，不同地域有着不同的制作方法。比如，八大菜系在制作方法上便存在着很大的差异，表1-1列出了八大菜系及其制作上的特点。当然，除上述八大菜系外，中国还有其他很多菜系，如冀菜、东北菜、琼菜等，由此，中国菜品制作的多样性可见一斑。

**表1-1　中国八大菜系及其做法特点**

| 菜系 | 口味与做法特点 |
|---|---|
| 鲁菜 | 烹调方法有爆、扒、拔丝等，尤其是爆、拔丝为世人所称道 |
| 川菜 | 川菜在制作方法上突出麻、辣、香、鲜，烹调手法上擅长小炒、小煎、干烧、干煸 |
| 粤菜 | 以小炒居多，对火候和油温的要求较高 |
| 苏菜 | 烹调技艺以炖、焖、煨著称，重视调汤，保持原汁，口味平和 |
| 浙菜 | 浙菜以烹调技法丰富多彩闻名于国内外，其中炒、炸、烩、熘、蒸、烧为世人所称道 |
| 闽菜 | 注重刀功，有“片薄如纸、切丝如发、剞花如荔”之美称，而且一切刀功均围绕着“味”下功夫，使原料通过刀功的技法体现出原料的本味和质地 |
| 湘菜 | 制法上以煨、炖、腊、蒸、炒诸法见称 |
| 徽菜 | 爆、炒、熘、炸、烩、煮、烤、焐等技法各有千秋，其中烧、炖、熏、蒸等技法为世人所称道 |

（3）饮食习俗的传承性和创新性。不同的地区有着不同的饮食习俗，虽然这些饮食习俗随着时间的推移在发生着变化，但很多内容也都在一直传承着。因此，我国各个地区的饮食习俗，同时兼具着传承性和创新性的特点。

（4）区域饮食文化的交融性。在中国古代社会，虽然受多种因素的影响，不同地域间的饮食文化表现出了一定的封闭性，但这种封闭并不是完全的，不同的地域之间（尤其相邻的地域）或多或少都存在着文化的交流，而在文化的交流中，饮食文化也出现了一定程度的融合，并推动着当地饮食文化（包括饮食习俗）的创新。

2. 中国传统饮食习俗

中国是一个多民族融合的国家，不同的民族具有不同的饮食习俗。下面以汉族和几个少数民族为例，做简要阐述。

（1）汉族的饮食习俗。在中国古代社会，汉族主食以水稻、小麦为主，水稻通常制作成米饭、米粉、米糕、粽子、粥等；小麦通常磨成粉，然后制作成馒头、包子、面条、馄饨、油条等。副食则以蔬菜、豆制品和牛、羊、猪、鸡、鸭、鱼肉等为主。饮品以茶和酒为主。

（2）少数民族的饮食习俗。中国少数民族众多，不同的民族由于其所处的自然环境不同，因此在饮食习俗上也千差万别。比如，蒙古族以畜牧业为主，所以其饮食多以肉制品和奶制品为主，几乎餐餐都有肉和奶。

随着时代的发展，各民族间的交流日益频繁，各少数民族的饮食习俗或多或少地也在发生着变化，但无论怎样变化，它们都共同构成了丰富多彩的中国饮食文化。

### （二）服饰文化

1. 中国古代服饰的基本样式

中国古代服饰的样式很多，而且不同朝代、不同民族的服饰样式也存在差异，所以笔者在此仅就几种基本样式做简要介绍。

（1）深衣。深衣是中国古代比较普遍的一种服装样式，其结构为上衣下裳分裁，然后在腰部缝合，成为整长衣，袖口衣缘用重锦边，衣面多为大花纹凤彩绣，也有几何纹小花锦，整体特点为交领直襟、宽身大袖。

（2）袍。袍是一种不分上衣下裳的服饰，常作为家居服饰。“岂曰无衣，与子同袍”（《诗·秦风·无衣》）中的“袍”便是说的此种服饰。如果将袍做成短式，则称为襦，如果用料粗糙，则称为褐。

（3）裘。裘是一种御寒用的毛皮服饰，通常毛在外表，皮革在内。“五花马，千金裘”（《将进酒》）中的“裘”便是说的此种服饰。

2. 中国传统服饰文化的特点

中国传统服饰文化的特点突出表现在三个方面，即完备性、多样性和传承性。

（1）完备性。完备性是指中国传统服饰自身内部体系的完备性。在数千年的发展历程中，中国服饰的样式不断丰富，做工日益考究，同时

也逐渐形成了一套完备的服饰体系。冠、服装、鞋、饰品及其相互之间的搭配完整体现了中国传统服饰体系的完备性。

（2）多样性。中国传统服饰文化的多样性主要体现在两个方面：一方面是从时间的维度去看，在不同的历史时期，中国传统服饰的样式在发生着变化；另一方面是从空间的维度去看，即不同的地域有着不同的服饰样式。在时间、空间两个因素的作用下，中国传统服饰文化具有显著的多样性特征。

（3）传承性。在中国漫长的历史长河中，虽然随着时间的推移，中国传统服饰的样式在不断变化，但其实中国传统服饰的主流一直呈现着某种共同的特征。比如，以右衽、大袖、深衣为典型代表的服饰体系，一直活跃在中国服饰的历史长河中，表现了高度的历史传承性。

## （三）建筑文化

### 1. 中国古代建筑的类型

中国古代建筑的类型主要包括宫殿、陵墓、园林和寺庙等。

（1）宫殿。宫殿大多为帝王处理朝政和居住的地方，为了表现帝王至高无上的权力，宫殿的规模一般都比较大，而且雄伟壮丽，富丽堂皇，整体呈现高、大、深、庄的特征。此外，在色彩、布局、装饰物等方面，也都需要体现庄严肃穆的特征。

（2）陵墓。陵墓通常指帝王和诸侯的坟墓。由于古人对死亡的认知较浅，认为人死后会进入另一个世界，因此为了在死后依然能够享受荣华富贵，往往会修建工程浩大的陵墓。之所以称为陵墓，是因为其坟墓封土所占范围很大，而且封势很高，如同一个丘陵，故得名陵墓。由此可见，陵墓的一个重要特征就是规模较大。此外，陵墓规模还表现出强烈的宗法观念，在某种程度上反映着古代的封建伦理。

（3）园林。中国园林是世界文化遗产宝库中一颗璀璨的明珠，其个性特征鲜明、文化内涵丰富，极具艺术魅力，是世界三大园林体系之最。中国园林追求“三境”，即生境、画境、意境，其中意境是最终目标。在这一点上，中国园林与诗歌、绘画等有着相同的艺术追求，这也是中国园林极具艺术魅力的一个重要原因。

（4）寺庙。寺庙作为中国古代建筑的重要组成部分，在两千多年间，随着佛教的兴衰，其建筑风格也在不断发生着变化。此外，藏传佛教与汉传佛教在建筑风格上也存在差异。藏传佛教在保留藏族建筑风格的基础上，融合了汉族建筑的风格，所以其寺庙多为汉藏融合的建筑风格；而汉传佛教大多为汉族建筑风格。

2. 中国古代建筑的特征

中国古代建筑的特征突出表现在三个方面，即框架式木结构、庭院式组群布局、丰富多彩的建筑造型与装饰。

（1）框架式木结构。中国古代建筑很多都是木结构建筑，柱、梁、枋、斗拱等构件都是木质材料，而且屋面、楼面的负载和风力也都由这些构件承受，墙面并不起承重作用，所以古代有“墙倒屋不塌”的说法。在木结构建筑中，榫卯结构是关键技术，该技术具有抗震性强、营造周期短、可现场装配等优点。

（2）庭院式组群布局。在中国古代建筑中，单体建筑并不多见，大多是采用庭院式组群布局。而在整体布局上，通常采用均衡对称的方式，重要建筑在中轴线上，次要建筑在两侧，这既是一种审美特征的体现（对称美），也是中国古代社会礼教制度的一种体现。

（3）丰富多彩的建筑造型与装饰。中国古代建筑造型可谓绚丽多姿，其中以屋顶造型最为突出，主要有悬山顶、歇山顶、硬山顶等形式。屋顶造型将直线和曲线巧妙地结合起来，形成向上微翘的飞檐，不仅具有较强的实用功能（排水和扩大采光面），还增添了屋顶的美感。在装饰上，中国古代建筑的装饰突出体现在彩绘和雕饰上。彩绘具有装饰、保护、标志、象征等作用，多出现在室内天花板、内外檐的梁枋、藻井等地；雕饰有石雕、砖雕、木雕等形式，其题材也非常丰富，有人物形象、动植物以及历史传说故事等。

## 二、中国传统哲学

中国传统哲学凝聚着中国传统文化的精神内涵，是中国传统文化的重要组成部分，并对中国传统文学、艺术、民俗等传统文化的诸多要素发挥着重要作用。在不同的历史时期，中国传统哲学的内涵也发生着变化，而就其发展脉络看，中国传统哲学大致经历了五个阶段，即先秦哲学、两汉经学、魏晋玄学、隋唐佛学和宋明理学。下面笔者便对这五个阶段的中国传统哲学做简要阐述。

## （一）先秦哲学

先秦时期的哲学是中国哲学的发端，是形成学派和建立哲学体系的重要历史时期，这一时期百家争鸣，诸多学派纷纷涌现，包括儒家学派、道家学派、法家学派等。下面便对上述学派及其核心学说做简要介绍。

1. 儒家学派

儒学学派是中国古代重要的思想、学术流派，由孔子所创立，孟子所发展，荀子所集其大成，之后绵延不断，被历代文人所推崇。儒家思想可以用11个字概括：仁、义、礼、智、信、勇、诚、恕、忠、孝、悌，其中仁是儒学的核心。孔子认为，仁是人之所以为人的根本。至于什么是仁，孔子曾说："克己复礼为仁，一日克己复礼，天下归仁焉。为人由己，而由人乎哉？"随后，孔子又说："非礼勿视，非礼勿听，非礼勿言，非礼勿动。"由此可见，仁就是要使自己的思想与言行合乎于礼。在那个礼崩乐坏的时期，孔子心怀天下，希望能够重新恢复社会秩序，所以孔子对于礼非常看重，并在礼的基础上形成了仁的概念，将其作为儒家思想的核心。

2. 道家学派

道家学派作为中国古代哲学的一个重要流派，其对中华民族文化精神的形成起到了重要的推动作用。道家学派由老子创立，其核心思想是"道"。老子认为，"道"是世间万物的本源，它是不可界定和不可言说的，也是超越宇宙万物的存在，但与此同时，"道"又蕴含于世界万物之中。关于"道"，不同的学者有不同的理解和认知，在笔者看来，"道"可以看作事物的本质规律，这种规律是时刻在发生变化的，但同时又可以被人掌握，并被运用到具体的事物之中。

3. 法家学派

法家学派是中国古代以"法治"为核心的思想流派，虽然成熟较晚，但成型很早，最早可追溯至夏商时期。法家推行"依法治国"是为了富国强兵，所以法家推行入世报国，其思想也以实用为主。法家最初也称刑名之学，在经过管仲、商鞅、乐毅等人的发展后，逐渐成为一个学派，战国末期的韩非子是集大成者，建立了比较完备的法治理论。法学虽然以"法"为核心，但涉及的领域非常广，包括经济、政治等。

## （二）两汉经学

汉代之初，汉武帝采纳了董仲舒“罢黜百家，独尊儒术”的建议，中国传统哲学由先秦时期的百家争鸣变为了儒学一家独大。董仲舒作为两汉经学的代表，提出了天人感应、三纲五常、“性三品”说等哲学思想，影响了汉朝数百年。

1.天人感应

天人感应作为一种阐述天人关系的学说，是董仲舒哲学体系的一个重要理论基础。天人感应在很大程度上是为汉朝的统治阶级服务的，他指出，“德侔天地者，称皇帝，天佑而子之，号称天子”“受命之君，天意之所予也”。当然，董仲舒在强调“受命之君”的同时，也强调天子不可以任意为之，“天之生民，非为王也，而天立王以为民也。故其德足以安乐民者，天予之；其恶足以贼害民者，天夺之”。

2.三纲五常

在天人感应的基础上，董仲舒进一步提出了“三纲”“五常”。“三纲”指父为子纲、君为臣纲、夫为妻纲；“五常”说法不一，但普遍认为是仁、义、礼、智、信。三纲五常的提出代表着一个完整的封建社会规范体系的形成，虽然该思想在一定程度上禁锢了个人的思想，但在维护社会秩序方面发挥了重要的作用。

3.“性三品”说

“性三品”说是董仲舒基于人性论提出的一种思想。董仲舒将人性分为三种，即“圣人之性”“中民之性”“斗筲之性”。“圣人之性”先天就是善的，不需要进行教育；“中民之性”可善可恶，通过教育可以转化为善；“斗筲之性”先天就是恶的，是经过教育也不能改善的，必须要采取刑罚的手段。“圣人之性”和“斗筲之性”都是少数，“中民之性”是多数，所以对大众进行教育非常有必要。

## （三）魏晋玄学

东汉末年，社会矛盾异常激烈，一直备受推崇的儒学遭受了巨大的打击，两汉经学也开始消弭。此时，魏晋玄学诞生，并在对两汉经学进行多方改造的基础上逐渐发展为该时期重要的哲学思想体系。之所以被

称为“玄学”，是因为当时的哲学家将他们十分推崇的《周易》《老子》《庄子》合称为“三玄”，“三玄”也是魏晋玄学主要的思想依据。当然，魏晋玄学虽然是以“三玄”为重要的思想依据，并对其进行了继承，但在形式上却存在区别，魏晋玄学提倡以抽象的义理思辨取代烦琐的考据和象数比附，这为中国传统哲学的发展注入了新的血液，也标志着中国传统哲学思想的进一步深化。

先秦时期的老庄哲学反对儒家礼教，两种学说存在对立的内容，而魏晋玄学则提倡将儒学和道学进行调和。此外，魏晋玄学还重视明理之辨，强调分析和推理，反对以表象去说明问题，这对提高中国传统哲学的思维水平起到了非常积极的意义。

总体而言，魏晋玄学在中国传统哲学体系中占有非常重要的地位，它上承先秦的儒道之学，并在借鉴两汉经学教训的基础上形成了新的哲学体系，开创了一个集儒学和道学于一体的新的哲学时期，对后来中国传统哲学的发展产生了深远的影响。①

### （四）隋唐佛学

佛教对中国哲学的发展也产生了非常深远的影响。中国当代著名哲学家、教育家冯友兰曾说：“佛教传入中国，是中国历史上最重大的事件之一，从它传入以后，它就是中国文化的重要因素，在宗教、哲学、文学、艺术方面有其特殊影响。”② 史料记载，佛教最早是在汉明帝时期传入中国的，但真正融入中国哲学体系之中，并成为主流哲学学派是在隋唐时期。

隋唐佛学主张心、性、虚、空、苦、集、灭、谛，包含着大量关于人的品行、德行、境界等方面的哲学思想，虽然其中有些内容非常空泛，但却极大地丰富了中国传统哲学的宝库。隋唐时期是中国佛学最鼎盛的时期，该时期的佛学具有三个特点，即统一性、国际性和自主性（独立性），这三个特点可以说是对隋唐佛学最准确的概括。

统一性指佛教在隋唐时期各方面都得到了统一，其中最突出的一个方面是南北方佛教的统一。中国佛教在魏晋南北朝时期日渐兴盛，但也开

① 田广林．中国传统文化概论[M]．北京：高等教育出版社，2011：150.

② 冯友兰．中国哲学简史[M]．南京：江苏文艺出版社，2010：279.

始出现南北分化，南方佛教重视玄理，北方佛教重视修行，这种分化直到隋唐时期才逐渐消弭。国际性指中国佛学在国际上所产生的影响。虽然中国佛学在地位上比不上印度佛学，但由于隋唐时期的中国国力鼎盛，所以中国佛学对亚洲各国也同样产生了非常重要的影响。自主性（独立性）指中国佛学在隋唐时期已经开始自立门户，佛教组织也自成一个体系。

中国佛学在隋唐时期达到了鼎盛，自此之后，中国佛学开始衰落，但它并未退出历史的舞台，直到今天依旧存在并发挥着作用。

### （五）宋明理学

理学是以儒学为主体，融合道家、佛家两家学说后形成的一个新的儒家学说，是宋明时期占主导地位的哲学思想体系。理学由周敦颐所创立，程颢、程颐所发展，朱熹所集大成。宋明理学中包含大量的哲学思想，其中“本体论”“人性论”“格物致知论”是非常重要的三个思想。

1.“本体论”

理学家认为，理学的核心是“天理”，它是世界的本体，也是哲学的最高范畴。在理学家看来，“天理”无处不在，它不生不灭，是世界的本源，也是社会生活的最高准则。虽然就“本体论”来说，理学具有一定的唯心倾向，但它也具有深刻的科学内涵，其关于必然性和偶然性的认识对于指导人们分析问题具有非常积极的意义。

2.“人性论”

在儒学思想中，“人性论”一直是一个值得探讨的核心问题，宋明时期的理学家在总结前人思想的基础上，对“人性论”进行了理学范畴下的探索，使中国传统哲学中的人性论得到进一步深化。其中比较有影响力的是二程的“天命之性”和“气禀之性”的“人性论”以及朱熹的“性同气异”的“人性论”。如果对二程和朱熹的“人性论”进行概括，那么二程主张“去人欲，存天理”，朱熹则在此基础上进一步深化为“存天理，灭人欲”。

3.“格物致知论”

格物致知一词最早见于《礼记·大学》中的“致知在格物”。后来，很多文人学者都对格物致知进行了研究，而朱熹是宋明理学家中对格物致知问题研究最深刻的一位。朱熹认为，格物包含三个要点，即物、穷

理、至极。即物指天地万物存在的本源，穷理指对本源的探索，至极指对本源的探究要达到极致的境界。在格物之后，便需要达到“致知”的目标，即掌握完备的知识。概而言之，格物致知是一种认识论命题，强调的是通过对事物的探索掌握事物的本质。

## 三、中国传统文学

中国传统文学作为中国传统文化中的重要组成部分，在中国几千年的发展历程中始终发挥着重要的作用，其所形成的辉煌成就在今天依旧熠熠生辉。下面便对中国传统文学进行简要的论述。

### （一）中国传统文学的发展历程

#### 1. 先秦时期

先秦时期是中国传统文学发展的早期阶段，作为中国传统文学的发端，先秦文学以《诗经》《楚辞》、诸子散文和历史散文为代表。《诗经》是我国最早的一部诗歌总集，根据音乐类型的不同，《诗经》中的诗歌可分为三个部分，即风、雅、颂，风又被称为“国风”，雅则有“大雅”“小雅”之分，颂有“周颂”“鲁颂”“商颂”。在艺术手法上，《诗经》中主要包含三种创作手法——“赋、比、兴”，赋是直接铺叙陈述；比就是比喻和比拟；兴是起兴，先言他物以引起所咏之词。这三种创作手法对后世文学的创作具有深刻的影响。《楚辞》是以先秦楚国诗人屈原作品为主体的诗歌总集，其瑰丽的语言、丰富的想象开创了中国文学浪漫主义的先河，代表作有《离骚》《九歌》《天问》等。《诗经》和《楚辞》作为我国古代诗歌的两个源头，并称“风骚”。

先秦时期的散文包括诸子散文和历史散文两大类。诸子散文指春秋战国时期各个学派的著作，由于各个学派的思想不同，因此他们的散文在内容上大相径庭。历史散文是相对于诸子散文而言的，其作用主要是记载历史，所以多以叙事为主。与《诗经》《楚辞》相比，虽然散文在文学样式上存在很大差异，但都是先秦文学的重要组成部分，为中国传统文学的发展奠定了基础。

#### 2. 两汉时期

两汉时期，汉赋是最主要的文学样式，然后是散文和诗歌。汉赋是

汉朝兴起的一种新的文学样式，是在兼收并蓄《诗经》《楚辞》和先秦散文等文体的基础上发展而成的一种容量宏大且表现力强的带有综合性质的文学样式，有骚体赋、大赋、小赋之分。汉赋具有辞藻华丽、散韵结合、专事铺叙等特点。两汉时期的散文以政治散文和历史散文影响较大，如贾谊的《过秦论》便是一篇非常具有代表性的政治散文。两汉时期的诗歌以乐府诗的成就最为显著，这是继《楚辞》之后的一种新的诗歌样式，代表作有《孔雀东南飞》《木兰诗》《秦妇吟》。

3. 魏晋南北朝时期

魏晋南北朝时期，政权更迭频繁，社会动荡不安，在这种社会背景下，中国传统文学非但没有走向没落，反而不断焕发新生。以魏晋时期的小说为例，该时期的小说主要有志人小说和志怪小说。志人小说主要描写人物逸闻趣事，代表作有《世说新语》《魏晋世语》等；志怪小说主要记录神鬼怪谈、奇闻逸事，代表作有《搜神记》《博物志》等。虽然在魏晋之前也有小说这一文学样式，但从魏晋时期开始，小说的影响力才逐渐扩大，并在明清时期走向巅峰。

4. 唐宋元时期

唐宋元时期是中国传统文学的一个巅峰时期，最主要的文学样式为诗、词和曲。唐朝是诗歌的全面繁荣时期（无论是在创作手法上，还是在题材内容上，都走向了成熟），所以诗成为唐代文学的代名词，即唐诗；宋朝是词的全面繁荣时期，词的创作达到了鼎盛，所以词成为宋代文学的代名词，即宋词；元朝跨越的时间虽然相对较短，但在该时期，曲的发展达到了鼎盛，所以曲成为元代文学的代名词，即元曲。

5. 明清时期

明朝盛行的文学样式主要是戏剧和小说，小说中以章回体小说的成就最为显著，代表作有《三国演义》《水浒传》等。清朝则以小说的创作最为繁荣，《红楼梦》《聊斋志异》《儒林外史》等都是出现在这个时期的，其中《红楼梦》是古典小说的巅峰。

### （二）中国传统文学的文化性格

中国传统文学在其发展的过程中形成了契合于自身的文学性格，具体表现在以下三个方面。

1. 中国传统文学是诗化的文学

诗歌在中国传统文学中占有非常重要的地位，其凝练的语言、鲜明的节奏、和谐的音韵等特点对其他样式的中国传统文学产生了重要的影响，使得中国传统文学在整体上具有了诗化的倾向。比如，唐朝小说无论是在内容上，还是在意境上，都能够令人感受到浓郁的诗意。如果说唐朝小说受同时代唐诗影响较重，才出现诗化的倾向，那么在小说盛行的明清时期，诗歌的影响力减弱了很多，但依旧能够在明清小说中看到诗歌的影子。例如，《红楼梦》中有很多的诗歌，虽然其艺术价值较低，却能够从一定程度上反映出小说这一文学样式的诗化倾向。

2. 中国传统文学是注重理趣的文学

理趣是指阐明道理的旨趣，用四个字来概括就是"文以载道"。关于"文"和"道"之间的关系，古代很多文人学者都进行过探索，比如唐代古文运动的先驱柳冕曾说过："夫君子之儒，必有其道，有其道必有其文。道不及文则德胜，文不及道则气衰。"宋代古文运动的代表人物欧阳修反对"舍近取远，务高言而鲜事实"，主张从日常百事着眼，"履之以身，施之于事，而又见于文章而发之"，并且还主张"载道"要能"载大"，即文章要能够反映历史上和现实中与国家、社会有关的大事件，唯有"载大"才能"传远"。在笔者看来，"文"虽然不一定必须要和"道"联系起来，但如果能够赋予"文"一定的"道"，无疑会增加"文"的思想内涵。

3. 中国传统文学是重视意境的文学

意境是中国传统美学中的一个重要范畴，它是构成艺术美不可或缺的因素，具体指艺术作品中呈现的那种情景交融、虚实相生、活跃着生命律动的韵味无穷的诗意空间。① 在诗歌创作中，意境的追求最为明显，这也是每位诗歌创作者的追求。除了诗歌，其他样式的中国传统文学创作也会追求对意境的营造，虽然不如诗歌严格，但意境的赋予也能够为文学作品增添几分审美意趣。

---

① 周积寅 . 中国画学精读与析要 [M]. 上海：上海人民美术出版社，2017：45.

## 四、中国传统艺术

### （一）中国传统艺术的发展历程

中国传统艺术发轫于原始社会时期，虽然该时期的艺术创作并没有形成体系，但对后世的艺术创作产生了深远的影响。从原始社会时期一直到清朝末年，中国传统艺术的发展大约经历了六个阶段，如图 1–2 所示。

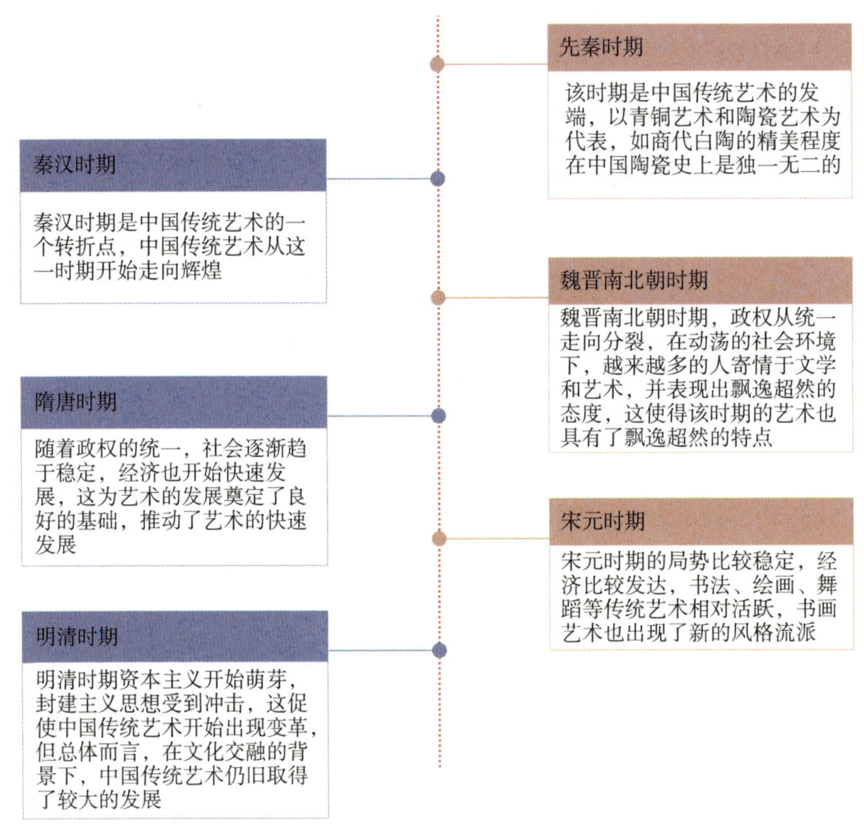


图 1–2　中国传统艺术的发展历程

### （二）中国传统艺术的代表性内容

中国传统艺术的内容非常丰富，包括书法、绘画、戏曲、剪纸、皮

影、木雕等，在此，笔者仅从诸多的传统艺术中选取几个具有代表性的内容进行简要介绍。

1. 中国传统书法艺术

中国传统书法艺术历史悠久，从大篆、小篆、隶书，到草书、楷书、行书，每类书体都有自己的风格和审美特色。作为中国传统艺术中的代表性内容，中国传统书法的审美价值主要体现在三个方面。

（1）点画结构美。点画结构美的构建有两种方式：一种是将点画按照一定的方式组合，另一种是将各种部首按照一定的方式组合。在组合时，需要遵循比例原则、韵律原则、节奏原则和均衡原则。

（2）整体形态美。汉字的结构形态主要受两种因素的影响：一种是书法表现的外在形式，另一种是书法表现的意趣。创作者需要考虑上述两种因素，才能创造出美的结构形态。

（3）墨色组合美。书法的墨色组合主要涉及两个方面的内容：一方面是点画结构的墨色组合，另一方面是背景底色的分割组合。在进行墨色组合时，应遵循渐变原则、重点原则和均衡原则。

2. 中国传统绘画艺术

在漫长的发展史中，中国传统绘画形成了诸多画科、画种，虽然不同画科、画种之间具有不同的绘画特色和风格，但它们之间也存在相同的特征，即中国传统绘画非常重视意境美的营造，同时也注重意境美和形式美的融合。中国传统绘画的意境美主要体现在三个方面，即情景交融、形神兼备、虚实结合；形式美也体现在三个方面，即线条、色彩和构图。形式美在表象，意境美在内在意蕴，只有将形式美和意境美有机结合，才能真正体现中国传统绘画的美感。

3. 中国传统戏曲艺术

中国传统戏曲艺术是我国传统文艺百花园中一枝鲜艳的花朵，包含宋元南戏、元明杂剧、明清传奇、近代京剧以及地方戏剧。中国传统戏曲是一门综合性的艺术，它综合了文学、舞蹈、音乐、美术等各种艺术，具有独特的美学范式和审美价值。中国传统戏曲艺术特征突出表现在三个方面，即综合性、程式性和虚拟性，这三个特征凝聚着中国传统文化的美学思想精髓，构成了独特的戏剧观，使中国戏曲在世界戏曲文化的大舞台上闪耀着它独特的艺术光辉。

## 五、中国民俗文化

“民俗”是指在民众中传承的社会文化传统，是被民众所创造、享用和传承的生活文化，它既是一种历史文化传统，也是民众现实社会生活的一个重要组成部分。[①] 民俗文化是一种复杂的文化现象，作为中国传统文化的重要组成部分，在中国传统社会发挥着重要的作用。从表现形态上进行划分，可以将中国民俗文化分为物质民俗和社会民俗两大类。

### （一）物质民俗

物质民俗是中国民俗文化中最基础的部分，主要包括服饰民俗、饮食民俗、居住民俗和生产民俗。其中，服饰民俗、饮食民俗、居住民俗在上文阐述中国传统物质文化时已有所论述，所以在此仅简要论述生产民俗。

在传统社会，由于不同地区、不同民族的生产水平和生产方式不同，反映到生产民俗上也不尽相同。从生产方式的层面看，生产民俗主要包括农耕生产、游牧生产、手工生产三种生产方式。农耕生产的日常事务包括播种、除草、灌溉、收割、晾晒等；游牧生产的日常事务有放牧、挤奶、制酪、剪毛、制毡子、照顾幼畜、治疗病畜、收集畜粪作为燃料等；手工生产的日常事务是对自然事物进行简单或复杂的加工。上述三种生产方式的主要事务不同，所用工具不同，自然也就形成了不同的生产民俗。在现代社会，虽然上述三种生产方式已经发生了变化，尤以农耕生产方式的变化最大，正向着机械化、信息化的方向发展，但很多生产民俗却通过不同的形式被保留了下来。未来，生产方式可能会继续变化，但对生产民俗的保护却不应停止。

### （二）社会民俗

社会由人组成，人与人之间通过生产、生活形成各种各样的群体，群体的结合和交往便产生了社会民俗。[②] 社会民俗主要包括节日民俗和

① 刘国武，申秀英．光明社科文库南岳旅游文化[M]．北京：光明日报出版社，2019：124.

② 巴兆祥．21 世纪大学旅游教材 中国民俗旅游（新编第 2 版）[M]．福州：福建人民出版社，2013：9.

游艺民俗两类。

1. 节日民俗

节日民俗是人类文明进化发展的产物，由于我国幅员辽阔，民族众多，所以形成了形形色色的节日民俗。如果依据节日民俗的性质分类，大致可以将我国的节日民俗分为图腾性节日、纪念性节日、生产性节日和庆祝性节日四类。

（1）图腾性节日。图腾性节日是与图腾有关的节日，在有图腾信仰的民族或地区比较常见。对于具有图腾的民族或地区而言，图腾性节日至关重要。在这一天，当地的人们通常会举行图腾崇拜的仪式，并且不得屠杀、食用图腾所代表的动物、植物或其他物种。

（2）纪念性节日。纪念性节日通常是为了纪念民族英雄、历史人物或传说人物而形成的节日。比如，我们熟知的端午节，便是为了纪念屈原而形成和发展起来的一个节日，表达了人们对屈原赴死的一种哀痛之情。

（3）生产性节日。生产性节日通常与生产劳作有关，对于不同的地区和民族而言，由于生产劳作对象不同，因此其节日民俗也存在差异。在中国传统社会，农业是最主要的产业，所以中国传统社会形成的生产性节日也多与农业有关，如耕牛节、赶鸟节、里玛主节等。

（4）庆祝性节日。庆祝性节日一般是为了庆祝丰收形成的节日，虽然不同的民俗有着不同的生产劳作方式，但丰收是共同的愿望。例如，蒙古族的“那达慕”，便是为了庆祝丰收而举办的娱乐大会，通常在每年七八月牲畜肥壮的季节举行。

2. 游艺民俗

游艺民俗是一种以消遣休闲、调剂身心为主要目的，而又有一定模式的民俗活动。它是人类在具备起码的物质生存条件的基础上，为满足精神的需求而进行的文化创造。从简单易行、随意性较强的游戏，到竞技精巧、有严格规则的竞技活动；从因时因地、自由灵便的戏耍，到配合各种特殊需要的综合表演，都属于游艺民俗的范围。① 例如，龙灯舞是流传于汉水流域的一种民族民间舞，又称“龙舞”“龙灯”“耍龙”，是中国独具特色的一种传统民俗娱乐活动。经过千百年的发展，龙灯舞已经成为一种形式完美、演技精湛和色彩浪漫的民间舞蹈艺术。

---

① 潘世东．明代汉江文化史［M］．北京：九州出版社，2019：416.

# 第三节　中国传统文化的思维方式

中国传统文化的思维方式处于传统文化结构的深层位置，了解中国传统文化的思维方式，对于把握中国传统文化的本质，并结合时代精神创新传统文化具有积极意义。关于中国传统文化的思维方式，学界近些年多有论及，大致可总结为如下四个方面（图 1-3）。

图 1-3　中国传统文化的思维方式

## 一、对主客体关系的认识

价值观与中国传统文化思维方式之间有着紧密的联系，它是中国传统文化思维方式的集中体现，与此同时，中国传统文化思维方式又制约着价值观的发展。因此，对价值观的剖析是理解中国传统文化思维方式的一个方向。而要把握价值观的内在特质，则又需要从主客体关系的认识着手，这种认识主要表现在事实判断与价值判断、道德判断与价值判断以及三者的相互关系上。

### （一）事实判断与价值判断

事实判断和价值判断是主体在认识客体活动中相互联系、相互制约的两个方面。就主体而言，事实判断是其依据一定的方法和手段对客观事物进行的是非判断，它要求主体在判断时要尽可能客观地认识事物，所以具有明显的客观性。价值判断则是主体依据其价值体系对客体做出是非判断，由于其依据的是主体的价值体系，而且客体的价值属性会影响主体的价值认识，因此判断结果常常随主体需求的变化而变化。所以，

有学者指出，即便对于同一客体而言，其作为科学认识的对象和作为道德评价、艺术审美的对象时，主体对它的事实判断和价值判断也会存在差别。当客体作为科学认识的对象时，事实判断是基础，并决定着价值判断；而当客体作为道德评价、艺术审美的对象时，则会以主体的审美情趣以及理论道德为标准，此时价值判断统摄事实判断。这种基于主客体关系认识所形成的事实判断和价值判断对中国传统文化的思维方式产生了一定影响，使得中国传统文化的思维方式具有以价值评判统摄事实认识、融事实判断于价值判断之中的特征。

### （二）道德判断与价值判断

“价值”这个普遍的概念是从人们与满足他们需要的外界物的关系中产生的，它是客体与主体需要之间的一种特定关系，是一种客观的社会属性。主体对客观事物的价值判断总是受其价值体系的影响，所以我们在对客体进行事实判断时，总会明显受到价值判断的影响和制约。而在中国传统社会，由于道德是主要的价值取向，因此价值判断往往被道德伦理所代替，并由此形成了道德判断。所谓道德判断，就是主体依其特定的价值体系，以善或恶、正义或非正义、公正或偏私、诚实或虚伪等道德概念对人们的行为所做的评价。它主要通过社会舆论来扬善去恶、驱邪扶正、褒诚贬伪，借以调整人与人、人与社会之间关系的行为准则和规范，维护社会的稳定与和谐。

总之，在中国传统社会，事实判断、价值判断和道德判断，三者之间有着紧密的关系，他们相互渗透、相互影响，甚至互为因果。而在相互作用中，道德判断居于核心层，价值判断居于中间层，事实判断居于最外层，如图 1–4 所示。在这种关系的影响下，中国传统文化的道德伦理色彩被显著加强，同时也促进了以“德”为特征的中国传统文化的形成。

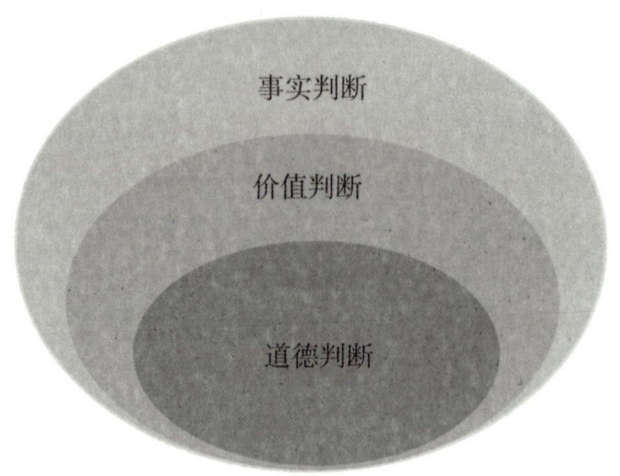


图 1-4　事实判断、价值判断和道德判断三者的位置关系

## 二、直观与直觉

直观与直觉虽然在本质上并不相同，但在思维方式上却有相似之处（都具有经验论特征），所以在此将两者归为一类。作为两种重要的思维方式，其对中国传统文化的形成和发展产生了重要的影响，使得中国传统文化表现出了直观和直觉的思维方式。

### （一）直观思维

所谓直观思维，是以以往感官的直接感受或经验判定事物及其发展趋势的一种思维方式，由于该种思维方式用以推测事物的前提不是普遍的原则，而是个体的直观感受或体验，所以其被称为直观思维。[①] 在古人看来，对于宇宙万物的认识仅仅依靠逻辑推理是无法穷尽其奥义的，所以凭借"象"的直观把握就成为一种重要的思维方式。《周易·系辞上》有言："子曰：'书不尽言，言不尽意。'然则圣人之意，其不可见乎？子曰：'圣人立象以尽意。'"此处所提到的"立象"就是一种直观思维。

其实，如果对中国传统文化进行深入的解读，不难发现其中存在的直观思维。比如，庄子的"乘物以游心""游心于物之初"，便是在讲要直观、体悟一切存在的根源与自然运行的规律；宋代张载的"大其心则能体天下之物"；朱熹的"则众物之表里精粗无不到，而吾心之全体大用

① 朱伯崑．易学基础教程 [M]. 北京：九州出版社，2011：217.

无不明矣”；陆九渊的“吾心”与“宇宙”相冥契等，都在强调用身心体验宇宙的终极奥义。

直观思维是一种倾向于对现象进行整体性把握的思维，它对于人们把握事物的整体，认识其普遍的联系性具有积极意义。尤其在逻辑证明和实验方法都失效的情况下，采用直观思维不失为一种好方法。但是，这种整体的直观的方法，由于缺少严谨的逻辑体系，存在很大的局限性。在经验范围内，由于有一定事实作为支撑，直观思维还具有一定的可靠性；超出经验范围后，由于不存在事实支撑，同时也缺少逻辑证明，因此它不可避免地会带有神秘主义色彩或者走向不可知论。所以，直观的思维方式带有一定的模糊性，它是一种笼统的思维方式。

### （二）直觉思维

直觉作为一种思维方式，它是主体运用自身知识经验，对客体本质及其规律性联系做出迅速地识别、敏锐的洞察、直接的理解和整体的判断。直觉思维是一种和分析思维相对的思维。分析思维需要严格遵守逻辑规则，主体需要将客体分解为不同的部分，并循序渐进地进行推理，最终得出的结论也能够用语言将思维过程描述出来。与分析思维相比，直觉思维不需要经过严密的逻辑推理，通常都是直接得出结论，所以其结论也不能用语言将思维过程表达出来。

在中国传统文化中，直觉思维的体现非常明显。比如，孟子的“尽心、知性、知天”，道家的“与道同体、与造化同游”，理学家的“一旦豁然贯通”等，都没有将客体分解成不同的部分，并用逻辑思维去分析，而是将客体看作一个整体，诉诸经验，实现意境的升华，完成主客体之间的彼此认同（合一），并陶醉于“难以言喻”的境界之中。

直觉是人类的一种基本思维方式，同时也是一种普遍的社会现象，由于它是基于经验而形成的，因此具有的经验质量水平会对直觉思维产生直接的影响。通常而言，经验越丰富，其直接思维的成效就越高。在中国传统社会，直觉思维被广泛且不自觉地使用，并在一定程度上影响着中国传统文化的发展。从某种意义上来说，它提高了人们对客观事物判断的效率，但由于直觉思维并没有精确引导人们认识事物，所以也在一定程度上阻碍了科学理论的发展。

## 三、类比推理

所谓类比，就是依据两个事物在某些方面的相似或相同，推导它们在其他方面的相似或相同的一种逻辑方法。类比是一种重要的思维方式，它也是人类认识客观世界的一个基本方法。基于类比的推理，既包含从一般到一般的推理，也包含从特殊到特殊的推理，其推理的基础是两个事物间存在相似之处。

在中国传统社会，类比推理的思维方式也被广泛使用，并且在经过历史的沉淀后逐渐渗透到中国传统文化中，成为中国传统文化的一种重要思维方式。

当然，类比推理的“类”并不具备严格的逻辑思维，而是基于不同事物之间结构、特征或功能上的类似进行的推演，所以带有明显的现象比附色彩。类比推理思维的运用，不仅有助于由此及彼地揭示事物间的关系，还可以认识事物间的联系。但是，类比推理也具有一定的或然性，加之古人常常凭借经验去进行类比推理，所以其结论也具有一定的不确定性和不可靠性。

## 四、比喻和象征

从严格意义上来说，比喻和象征属于类比推理的范畴，之所以在此将其单独列举出来，是因为这两种思维方式已经渗透在中国传统文化的机理之中，并被广泛地运用。

### （一）比喻思维

比喻是一种思维方式，也是一种艺术手法，它是与赋和兴一起从《诗经》的创作中概括出来的。唐代孔颖达在《毛诗正义》中解释：“风、雅、颂者，《诗》篇之异体；赋、比、兴者，《诗》文之异辞耳。大小不同，而得并为六义者，赋、比、兴是诗之所用，风、雅、颂是《诗》之成形。用彼三事，成此三事，是故同称为义。”由此可见，风、雅、颂指诗的类别，而赋、比、兴则是诗的表现手法。当然，这种表现手法是从类比的思维方式中概括出来的，它是取象和取义的有机结合。取象是指文学作品中的思想需要寄托于具体的物象之中，而取义则是指其思想要超出具

体的物象，并带有一定的情感。

在中国传统文化中，比喻作为一种表现手法和思维方式，被广泛使用。比如，《论语·子罕》中的“岁寒，然后知松柏之后凋矣”，就是以松柏来比喻圣贤高尚的品格和情操。再如，《白雪歌送武判官归京》中的“忽如一夜春风来，千树万树梨花开”，将雪花比喻成梨花。又如，《咏柳》中的“不知细叶谁裁出，二月春风似剪刀”，将春风比喻成剪刀。比喻作为传统思维方式中类比的一种形式，其在叙事、说理和抒情的过程中借助具体的物象将思想情感表达出来，使得文化作品蕴含了独特的韵致，同时也使人们更容易感悟其中蕴含的道理。

### （二）象征思维

象征是用具体事物或直观表象表示某种抽象概念、思想情感的思维方式，在中国传统文化中运用得非常普遍。在古代中国，象征思维是一种观物取象的思维方式。此处的“象”有两层含义：一是指社会和自然呈现出来的现象；二是指在对现象的观察中概括出来的一种象征性的符号。其实，观物取象的象征性思维，是“由象出意”的经验性思维，是以意象理论为基础的。而意象理论则是建立在“近取诸身，远取诸物”的经验方法之上的。

在传统思维方式中，象征思维的形成及广泛运用对中国传统文化产生了深刻的影响。它对于人们凭借经验领悟自然界以及社会中某些现象的深层意境起到了引导性的作用，同时也促进了人们意会能力的发展。此外，在中国古代社会，以道德为中心的实践理论丰富了象征性思维的内涵和意境，并使其具备了一定的理性意识。因此，基于象征性思维的象征手法，虽然出自感性直观，但并非纯感性的“取象”，而是超越了感性直观，它寄思想于物象之上，却不停留于物象，物象只是载体，是文人表达思想的工具。

# 第二章　现代艺术设计概述

## 第一节　现代艺术设计的要素

现代艺术设计是围绕人的需求和目的展开的，具有社会属性和人的自然属性，所以现代艺术设计需要基于人的设计行为和设计物这一具体事物考虑功能、形式、技术、经济四个要素，这四个要素彼此间相互独立又相互联系，如图 2–1 所示。

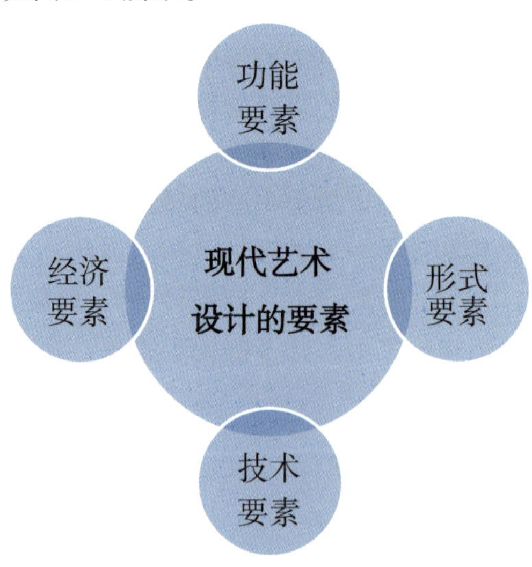


图 2–1　现代艺术设计的要素

## 一、现代艺术设计的功能要素

现代艺术设计的功能是指设计物能够发挥的有利于人的作用和效能。现代艺术设计需要具有一定的功能，虽然设计的种类很多，内容也千差万别，但其功能大致可概括为三类，即实用功能、认知功能和审美功能。

### （一）现代艺术设计的实用功能

现代艺术设计的实用功能是指设计物能够满足人的某种物质需求的功能，具体表现在两个方面：一是设计物所表现出的用途，二是设计物由物质属性共同组合而成的整体结构作为一个系统所发挥的功能。关于用途，不必过多解释；而物质属性则是指设计物的物理和化学结构。在物品设计中，物品的物理和化学结构是必须要考虑的一个要素，它决定着设计物能否更好地发挥其用途。比如，生活中常用的杯子，有各种形态和材质，而不同的用途决定着杯子的物质属性也不相同。例如，一次性纸杯和保温杯在用途上有很大的区别，所以在设计时对其物质属性的考虑自然也不同。由此可见，对设计物功能的考虑，首先需要关注的是其用途，其次需要关注的是其物质属性。需要注意的是，对物质属性的考虑需要对整个系统中的各个要素（技术、材料、结构等）进行考虑，因为要使各个要素有机地融合在一起，并不是将各个要素简单地相加，而是需要充分考虑各个要素之间的关系，并将其有机、协调地组合在一起，这样才能构成一个完整的系统。

实用功能是为了满足人的物质需求，但物质需求仅仅是人类需求中的一部分（依据马斯洛需求层次理论可知，人的需求包含五个层次，即生理的需求、安全的需求、归属与爱的需求、尊重的需求、自我实现的需求），物质需求并不能取代其他需求，所以实用功能仅仅是现代艺术设计功能要素的一个重要组成部分，同时它也是审美功能和认知功能产生的基础。

### （二）现代艺术设计的认知功能

现代艺术设计的认知功能是指由设计物的外在形式所实现的一种精神功能，即通过人的感觉器官（包括视觉、听觉、触觉等）接受来自设计物的信息刺激，从而在大脑中形成相应的概念或意象。现代艺术设计的认知功能具体体现在两个方面：一是体现在物的指示功能上；二是体现在物的象征功能上。

现代艺术设计在物的指示功能上的体现是指通过一定的设计使某个物品具有指引性的作用。比如，道路上设计的路标，作用是引导方向。再如，景区中的导览图，作用是指示景区游览的路线，如图 2–2 所示。诸如此类，都是通过外在形式的内容设计直接影响人对物的认知，并影响人在使用过程中的心理趋向和行为。

图 2–2　西安博物院景区导览图

物的象征功能是指通过物的符号系统传达某种信息的功能。符号具有一定的象征作用，而在长时间的使用过程中，某些符号具备了特定的象征意义，当人们看到这些符号时，便会将它们和其背后的象征意义联系起来。例如，图 2–3 是禁止吸烟的标识牌，即便我们将右边的文字去掉，只用左边的符号标识，也同样能够传达禁止吸烟这一信息。

图 2–3　禁止吸烟符号标识

### （三）现代艺术设计的审美功能

现代艺术设计的审美功能是指设计物的外在形式或内在意蕴能够唤起使用者的审美感受。由此可见，现代艺术设计审美功能的实现不仅受设计者的影响，还受使用者的影响。而影响设计者和使用者审美感受的因素很多，包括设计物的外在形态与功能，设计者和使用者的经验认知与精神需求等。因此，要实现现代艺术设计的审美功能并非一件易事。而且随着物质生活水平的不断提高，人们的精神需求也在不断提高，加之不同个体之间存在的差异性，更增加了现代艺术设计审美功能实现的难度。因此，对于设计者而言，其设计不能独立于社会和市场而存在，他们需要具备敏锐的洞察力，时刻了解社会和市场的变化，同时需要打破传统观念的束缚，打破常规的思维方式，从而使设计物从外在形式到内在意境都表现出作者独特的艺术见地，进而使其审美功能得到充分的发挥。

现代艺术设计的实用功能、认知功能和审美功能虽然处在三个层面，但三个功能共存于一个设计物之中，只存在一个或两个功能的设计物并不存在。当然，由于不同设计物之间的差异，因此三种功能的比例也不同。比如，对于日常生活中经常使用的筷子而言，其实用功能是第一位的，然后才是其认知功能和审美功能。有时，某个设计物中的某种功能的比例会非常小，这容易导致该功能被极大地弱化，从而给人一种设计物不具备该功能的假象。但其实无论某种功能的比例多小，该功能都不是可有可无的，只是相较于其他功能而言处于次要地位。

## 二、现代艺术设计的形式要素

现代艺术设计的形式要素主要包括结构、装饰形态、色彩和肌理四个方面。形式要素和功能要素之间存在着密切的联系，形式要素受概念要素的制约，同时形式要素对功能要素的形成又发挥着重要的作用。以下笔者将对现代艺术设计形式要素的四个方面做简要的阐述。

### （一）结构

设计物的结构通常分为内在的物理结构和外在的造型结构。内在的物理结构是指设计物内部秩序化的、严整的、理性的结构，其结构样式由物体的功能决定。一般情况下，物体的功能越强大，其内部结构也就越复杂，在设计时也就更需要做到严谨、秩序和科学。比如，一个汽车的内部结构非常复杂，而且这个结构系统是由诸多小的结构系统组成的，只有各个小的结构系统彼此协调，才能确保整个大系统的正常运转。

设计物的内在物理结构会对其外在的造型结构产生一定的影响，因为很多设计物的造型结构是基于内在物理结构之上的。当然，设计物的外在造型结构通常具有一定的灵活性，他们可以在其内在物理结构的基础上进行一定的拓展和变化，以此通过外在造型结构赋予设计物相应的文化内涵和审美内涵。

需要注意的是，有些设计物并没有严格的内在物理结构和外在造型结构之分，它的内在物理结构就是它的外在造型结构。例如，一次性纸杯、瓷碗等，都属于此种结构形态。

### （二）装饰形态

装饰形态就是把生活中的自然现象经过艺术加工，使其造型、色彩、构图等适于实用并符合人们审美目的的一种设计图样或装饰纹样。[①] 装饰形态的类型很多，依据不同的分类标准，可将其分成不同的类别。比如，依据装饰形态的风格，可将其分为自然风格的装饰形态和人造风格的装饰形态。自然风格的装饰形态是指在设计中融入自然界中物体的形态，如山水、动物、花草的形态；而人造风格的装饰形态则是利用基本的形式语言——点、线、面、体等来构造出非写实性的装饰形态。再如，依据装饰形态的几何空间性，可将其分为平面装饰形态和立体装饰形态。平面装饰形态是指在物体平面上装饰的形态，如服装上的图案；立体装饰形态是指在立体结构上装饰的形态，如钟表、电视、家具等造型上的设计。

在不同的历史时期，在不同的物体上，装饰形态在选题和表现手法以及艺术风格上都存在差异。此外，装饰形态还因物体功能、材料质地、技术手段等因素的不同而呈现出不同的艺术风格。例如，采用天然材料，

---

① 刘斯荣，唐丽雅，郑翠仙，等．形态构成设计[M].武汉：武汉大学出版社，2011：102.

如木材（具有天然的肌理效果）能够给人一种自然、质朴的感受；采用直线构成的几何图形，配以金属材料光洁的肌理，能够给人一种理性、冷静的视觉感受。可以说，设计物装饰形态设计的过程就是运用韵律与节奏、对比与协同、变化与统一、过渡与均衡等造型手法，以达到视觉信息传达目的的过程。

由体现设计物内在结构和品质的功能形态向传达具有丰富视觉感受的审美形态转化，是设计的形态创造的本质，也是提高设计物审美价值的重要手段。装饰，在保证了一定的功能效用的基础上，借助材料的选择和技术的运用，可以达到提高设计物形态美和加深物品文化内涵的目的。

### （三）色彩

色彩是一项重要的形式语言因素，在现代艺术设计中扮演着至关重要的角色。色彩具有色相、明度和彩度三种属性，它们之间既相互独立，又相互联系、相互影响，了解色彩的属性，是认知色彩的第一步。色相是对色彩类别的界定，有助于人们更好地认识色彩。简单来说，色相就是各种颜色的相貌，是一种颜色区别于另一种颜色的名称，如红色就是一种色相。① 明度指色彩的明亮程度，它是色彩的一个本质特征，是人看到色彩产生的一个直观感受。彩度指色彩中含彩量的程度，含彩量越高，色彩越纯。了解色彩的属性，对于现代艺术设计中色彩的运用有极大的帮助，但在具体的设计中，还需要考虑色彩对人的生理作用和心理作用。

色彩感觉是建立在视觉感官这一生理基础之上的，人在看到色彩时，会产生相应的生理反应和心理反应，生理反应中最突出的就是色彩错视。色彩错视是一种很特别的视觉现象，是人们在感觉外部世界时经常会体验到的一种知觉状态，具体表现在人的眼睛感受到的色彩效果与客观存在的色彩实体之间存在着一定的差异。② 之所以会产生色彩错视，是因为人眼晶状体自动调节的灵敏度有限，而不同色彩的波长长短差异非常微小，所以导致不同波长的光波在视网膜上的映像出现了前后位置的差

① 汪瀛，王任娟，蔡友．色彩构成[M]．沈阳：东北大学出版社，2018：7.

② 王平，华思宁，徐郊．现代设计色彩学[M]．合肥：中国科学技术大学出版社，2015：42.

异。波长较长的红色、橙色在视网膜后成像，所以感觉上会近一些，而波长较短的蓝色、紫色在视网膜前成像，所以感觉上会远一些。如图 2-4 所示，红色在视觉上会显得大一些。

图 2-4　色彩的大小感

色彩心理是个体在看到客观色彩时产生的主观心理感受，不同性别、年龄、民族、性格的人在看到同一种色彩时，所产生的心理感受也会存在差异。此外，个体在色彩上产生的主观感受还会受群体共同的色彩情感、时代大环境等影响。

总之，在现代艺术设计中，对色彩的运用不仅需要考虑色彩的属性（色相、明度和彩度），还需要考虑个体对色彩所产生的生理反应和心理反应，这样才能更好地发挥色彩的效用，进而使设计物的认知功能或审美功能得到充分体现。

### （四）肌理

在现代艺术设计中，肌理是表达人对设计物表面纹理特征的感受，它也是视觉艺术的一种基本语言形式。不同的材料、不同的技术手段都可以产生不同的肌理效果，并以此来达到不同的设计效果。作为设计物的一个物质载体，材料的不同自然会呈现出不同的肌理，通常根据材料来源的不同，可将肌理分为自然形态的肌理和人工形态的肌理。自然形态的肌理是指大自然中的材料所呈现出的肌理，如树木、石头等天然材料的纹理质地，不仅能够给人一种浑然天成的感觉，还给人以大自然的亲切美感。人工形态的肌理通过机器加工产生，如塑料、合成金属、人造皮革等，或粗糙或光滑，给人以精密、理性、稳定的心理感觉。在现代社会，随着材料科学的发展，人工形态的肌理变得越来越丰富，而且已经能够将人工形态的肌理和自然形态的肌理有机地结合起来，这极大地满足了现代艺术设计的需求，也满足了人们的审美需求。

结构、装饰形式、色彩、肌理构成了现代艺术设计的形式要素，而形式要素作为一种符号语言促进了人与设计物之间的交流。通过设计物的形式要素，人们可以更加直观地感受到设计物所要传达的信息，并由此拉近人与设计物之间的距离，进而使设计者的设计目标得以实现。

## 三、现代艺术设计的技术要素

技术是人类为了达到一定目的，掌握和运用自然规律来改造客观世界的知识、能力及所创造的物质手段的总和。① 在现代艺术设计中，技术也是一个决定性的要素，主要包括生产技术、产品技术和操作技术三种。

### （一）生产技术

生产技术是指生产者为达到生产目的而运用的知识、能力和物质手段的总和，它是使设计物从设计图纸走向实物的一个重要条件。在现代艺术设计中，将设计理念呈现到图纸上只是完成了设计的第一步，还需要以相应的生产技术为支撑，才能真正使设计者的设计理念得以实现。在手工艺时代，生产技术比较落后，所以设计物在功能上也比较落后，而进入工业时代之后，随着生产技术的发展，设计物的功能也变得更加宽泛，这满足了人们对物品功能的需求。其实，人们对物品功能的需求有时是先于生产技术的，在需求的驱使下，产生了设计理念，在设计理念的驱使下，促进了生产技术的发展。由此可见，设计物功能、设计理念、生产技术三者之间并不是单向的促进关系，而是双向的相互促进的关系。

### （二）产品技术

产品技术是指设计物本身的技术性能，它是使用者在使用产品过程中所需要达到的功能目的和所用的手段。以摄像机为例，生产技术解决的是摄像机制造的工序和技术问题，而产品技术解决的是摄像机的性能问题。摄像机性能和其功能紧密联系，它体现着满足功能需要的用途和

① 代金叶．艺术设计[M]．成都：电子科技大学出版社，2017：66.

意义。由此可见，产品技术与上文提到的功能要素中的实用功能相一致，同时两者共同作用于设计的形式要素和经济要素。

### （三）操作技术

此处的操作技术主要是针对使用者而言的，其是指使用者操作产品的便利性。有些设计物在生产技术和产品技术上都能够实现，但其操作非常复杂，往往需要使用者学习一段时间才能熟练掌握。当然，产品技术和产品操作通常是呈正比的，产品技术越先进，操作就越复杂，但如果设计中能够降低操作的难度，无疑会更受使用者的欢迎。

总之，上述各技术要素从不同的角度制约着设计的实现，它要求设计者在设计的整个过程中（构思过程、行为过程、实现过程）都要充分考虑技术要素对设计的影响与作用，以保证设计的最终实现。

## 四、现代艺术设计的经济要素

经济是与一定的社会生产力相适应的生产关系的总和。在现代艺术设计中，经济体现为从产品设计到销售整个过程的经济内容和经济效果。据此，我们可以将现代艺术设计的经济要素分为三个过程，即构思过程、行为过程和实现过程，在不同的过程中，经济要素有着不同的形式和作用。

### （一）构思过程

现代艺术设计的构思过程是指设计理念从确立到表现的过程。在这个过程中，经济要素主要体现在对原有状态的经济价值分析、市场的需求预测和对新设计理念的成本评估。对原有状态经济价值的分析是设计理念产生的基础，因为很多新的设计物的产生，都存在与其关联的旧的状态，这些旧的状态的经济价值对新的设计理念的产生具有一定的指导作用。因此，设计者需要对与设计物相关联的旧的状态进行分析，以全面把握旧的状态的经济价值。对市场需求的预测能够为设计提供一定的方向。现代艺术设计并不能只从形式要素和概念要素两个方面去考虑，还需要考虑市场的需求情况，因为最终的设计物需要进入市场，如果不

满足市场的需求，那么其经济价值也便无法体现。因此，对市场需求进行预测也非常有必要。对新设计理念成本的评估是指从材料、设备、人工等各个方面对其成本进行估算，因为成本也是一个重要的经济因素，所以也需要对成本进行评估。总之，在构思过程中，对经济要素的分析涵盖过去、现在和未来三个状态，这种全面系统的分析虽然复杂，但却必不可少。

### （二）行为过程

设计的行为过程是指设计方案从图纸到实物产出的整个过程。在构思过程中虽然已经对行为过程中的诸多要素进行了分析，但真正到了实际生产中，还需要对一些具体的问题进行深入的分析和设计。在这一过程中，涉及的经济要素包括设计物试生产、批量生产和专利保护。试生产是指依据设计方案进行实验性生产，然后设计者结合产品情况决定是否需要对设计方案进行修改和调整，如果需要修改，则需要再次进行试生产，直到设计方案无误，进入批量生产环节。在批量生产环节，需要考虑成本投资、管理投资等诸多因素，并权衡最终价格与利润之间的关系，从而确保利润最大化。针对设计的产品，还需要进行专利保护，这在行为过程中也是不可或缺的。

### （三）实现过程

实现过程是指将生产出的产品投放到市场的过程，这个过程也是设计物综合经济价值实现的过程。当然，这个过程并不是简单地将产品投放到市场，还需要设计者收集市场的反馈信息（包括使用者对设计物功能要素、形式要素的评价以及由价格体现出的经济要素的相关内容），然后结合市场反馈信息对设计方案进行修改和完善。由此可见，现代艺术设计的经济要素的三个过程并不是单向的，而是一个循环的过程，如图 2-5 所示。

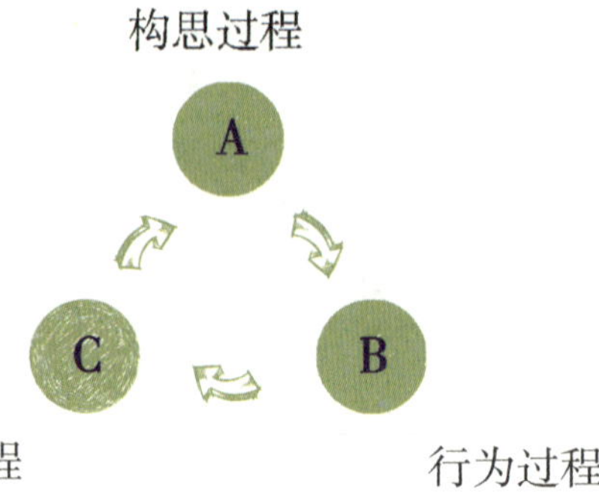


图 2-5　现代艺术设计的经济要素的三个过程

经济要素决定着功能要素和形式要素的形成。设计的本质之一在于合目的性和价值实现，这本身就包含了丰富的经济内容，强调设计的经济因素，并不是要以设计部门代替生产和销售部门成为包揽全局的万能部门，而是为了使设计师明确设计物的实现过程，更好地配合其他部门工作，同时在配合中以自身具备的宏观把握能力协调各个环节的工作，这也正是现代设计师基本能力和素质的体现。

## 第二节　现代艺术设计的类型

### 一、视觉传达设计

#### （一）视觉传达设计的含义

视觉传达设计是指人类为实现公共信息的传播，对文字、图像、色彩等各种视觉元素进行组织的行为，主要是一种通过视觉的形式而进行传达的设计。[①] 要进一步理解视觉传达设计的含义，可以将视觉传达分成两个基本概念，即视觉符号和传达。

符号是一种负载信息和传递信息的中介，而视觉符号则是基于视觉器官的符号，通常可分为基本元素、关系元素和实用元素（表 2-1）。

---

① 张磊．创新与突破：视觉传达中的新媒体设计与应用研究 [M]. 长春：吉林美术出版社，2019：80.

表2-1　视觉符号的元素

| 视觉符号的元素 | 具体内容 | 解　释 |
| --- | --- | --- |
| 基本元素 | 图案 | 包含具象和抽象两类，具象的图案一般具有具体的象形意义，如人物、动物、植物等图案，抽象的图案则不具有具体的象形意义，可以只用抽象性的造型元素去表达形式美感 |
| | 色彩 | 包括色谱中的各种色阶以及色彩的纯度和明度变化 |
| 关系元素 | 位置 | 由形象与框架、形象与形象之间的关系决定 |
| | 方向 | 由观者的方向、形态的框架或与其他对象之间的关系决定 |
| | 空间 | 指形象在框架中占有的空间 |
| | 重心 | 由黑白、疏密、分量所引起的重力和引力的关系 |
| 实用元素 | 材料 | 可用于制作实物的材料，如木材、石材、金属等 |
| | 结构 | 指材料组织的方式，如拼装、粘接、铆合等 |
| | 工艺 | 指技术形式，如涂饰工艺、印刷工艺、安装工艺等 |

视觉符号作为视觉传达设计中信息的载体，其功能如下：①达到传播的最终目的；②感知的直观形象化；③满足大众群体的接受心理；④视觉符号的同构联想。缺少了视觉符号，就是缺少了信息的载体，传达也便无从谈起。

传达是指信息发送者利用符号向信息接收者传递信息的过程。如果视觉符号是基础，那么传达便是视觉传达设计的关键。在视觉传达设计中，借助视觉符号负载信息只是完成了设计的第一步，还需要将负载的信息传达出去。而视觉传达借助的是视觉符号，所以属于一种非语言传达。其实，视觉传达是一种非常古老的信息传播方式，在人类发展的历史上普遍存在，而进入现代社会后，随着数字化多媒体技术的发展，视觉传达的形态在不断丰富，从单一媒体到多媒体，从二维平面到三维立体空间，而这也使视觉传达设计变得更加多样化。

### （二）视觉传达设计的特征

#### 1.视觉可视性

视觉可视性是视觉传达设计的一个基本特征，因为视觉传达设计是以视觉符号为信息载体，而设计者的任务就是利用可视化的符号传达信息，如果缺少了可视性，无疑也就失去了“视觉”这一根本。当然，视觉传达设计的可视性不仅能够被看到，还应该能够被识别（如果不能被识别，那么传达也难以进行），所以设计者应该赋予视觉符号一定的语义，而且该语义能够被识别，这样才能保证传达的信息最终被信息接收者接收。

2. 时代性

艺术设计都具有一定的时代性，视觉传达设计也是如此，不可避免地受时代大环境的影响，并由此带上了时代性的特征。在现代社会，随着科学技术的发展，视觉传达设计与其他领域的交叉越来越明显，越来越多的艺术形式（包括环境艺术设计、平面广告设计、服装设计、企业信息设计等）都在使用视觉符号，而且所使用的视觉符号也越来越丰富（可以是抽象的，可以是具体的，可以是文字的，可以是图形的，等等）。未来，随着科学技术的进一步发展，视觉传达设计的形式必然也会更加丰富。

3. 互动性

互动性是信息化时代视觉传达设计所具备的特征，要想实现有效、即时的互动，必然需要借助信息化。进入信息化时代后，单一方向的传达已经不能满足市场的需求，这就要求设计者能够与大众形成有效的互动，及时了解大众的需求，从而设计出符合市场的产品。

### （三）视觉传达设计涉及的领域

视觉传达设计涉及的领域非常广泛，其包括以下方面。

（1）以商品流通、市场营销为主要目标的广告艺术设计、策划与传播研究。

（2）以品牌战略为主体的品牌形象的策划、定位、创意、设计。

（3）以形象战略为主体的企业形象视觉识别系统的策划、定位、创意、设计。

（4）以现代产品为主体的产品包装、装潢、装帧设计。

（5）现代插图、动漫、图表设计。

（6）以现代商品流通为主体的商业摄影艺术设计。

（7）以现代产品展览、展示为主体的展示设计。

（8）以多媒体为手段的影视传媒、影视广告设计与制作。

（9）以网络技术、数字媒体为基础的多媒体设计与制作。

（10）网站与网页设计和制作。

（11）以计算机为手段的数字图形艺术设计。

（12）以现代城市空间环境为主体的环境指示设计。

（13）以现代商业市场为主体的市场营销、市场调查的专题研究。

（14）传统纸媒的图文编排设计。

当然，上述领域只是从大范围而言的，并没有涉及视觉传达设计的全部领域，尤其随着现代设计范围的不断扩大，视觉传达设计已经能够关联一切和视觉相关的设计领域。因此，针对视觉传达设计的认知已经不能再局限于“图形设计”“平面设计”，而是需要站在更加开阔的视野下去认识和理解。

## 二、数字媒体艺术设计

### （一）数字媒体艺术的发展历程

数字媒体艺术是集数字媒体技术和艺术于一体的一种艺术形式。从数字媒体艺术萌芽到今天的多元化传播，数字媒体艺术的发展大致经历了五个阶段，如图 2-6 所示。

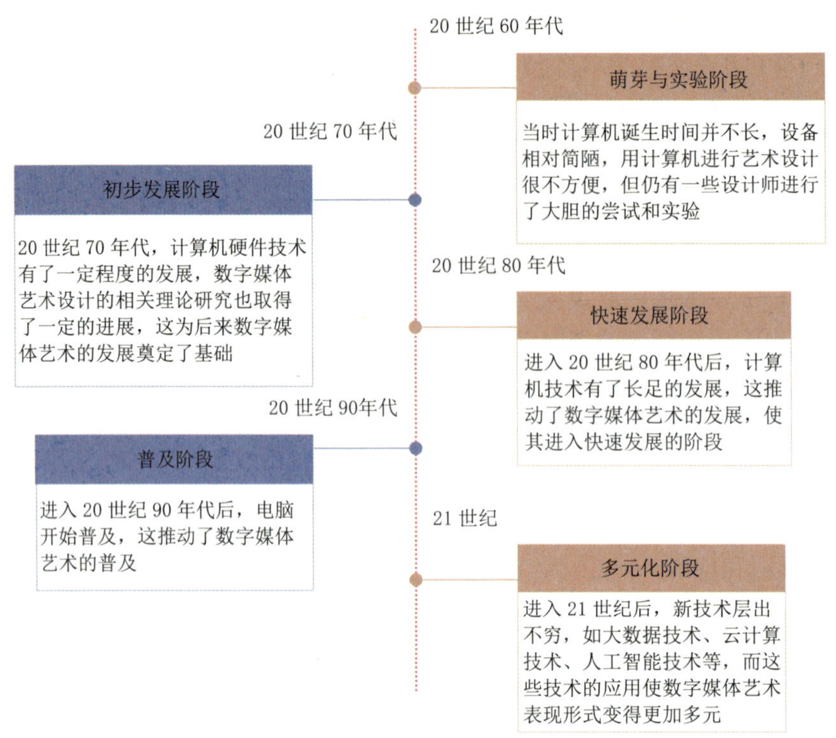


图 2-6　数字媒体艺术的发展历程

### （二）数字媒体艺术设计的优点

数字媒体艺术设计具有如下优点。

（1）相较于传统的艺术设计而言，数字媒体艺术设计对视觉的感染力更强，因为数字媒体在视觉画面上的表现力更强，尤其随着虚拟仿真技术的发展和应用，数字媒体艺术设计所呈现的效果更加逼真。

（2）数字媒体对各种信息（包括文字、图片、音频、视频等信息）的处理能力更强，能够满足人们全方位交换信息的需求，进而满足设计的需求。

（3）所设计的作品传输更加便利，存储也更加方便，而且可多次复制，重复使用。

（4）借助数字媒体，受众与设计者的互动性变得更强，设计者能够更加高效地获得受众的反馈。

由于数字媒体艺术设计具有诸多优点，其应用前景非常广阔，而随

着数字媒体的发展及其与艺术设计融合的不断深化，数字媒体艺术设计将会迎来更多的可能。

### （三）数字媒体艺术设计展望

数字媒体艺术设计是技术和艺术的融合，它同时受技术和艺术观念的影响。因此，关于数字媒体艺术设计未来的发展，笔者认为可以从新技术和新观念两个方面展开。

1.新技术为数字媒体艺术设计赋予更多的可能

如今，新技术层出不穷，这极大地丰富了数字媒体艺术设计的形式。但有些新技术的发展并不成熟，其在数字媒体艺术设计中的应用也处于初级阶段，而未来，随着技术逐渐趋于成熟及其在数字媒体艺术设计中深入的应用，其将会赋予数字媒体艺术设计更多的可能性。以人工智能技术为例，该技术目前已初步运用到现代艺术设计中，其运用主要体现在两个方面：一方面是利用人工智能技术进行艺术设计或辅助设计师进行艺术设计，另一方面是借助人工智能技术为人们带去良好的艺术体验。当然，由于人工智能技术的限制（虽然称为人工智能，但还没有达到理想的“智能”状态），其在艺术设计领域的应用并不是特别理想，比如人工智能系统无法判断作品的价值，所以对其设计出的作品，还需要艺术家的辅助筛选。但是，人工智能技术在现代艺术设计领域的应用已经初步显露其价值，而随着该技术的不断成熟，其无疑将会赋予数字媒体艺术设计更多的可能性。

2.新观念为数字媒体艺术设计提供新的思路

艺术设计与观念有着千丝万缕的联系，新观念的出现有可能带来新的设计思路，并由此催生新的设计产品。就艺术设计而言，包括数字媒体艺术设计，本身就是一个不断寻求突破的过程，在这个过程中可能会遇到思路枯竭的时候，此时不妨接触一些新观念，也许会打开一片新天地。催生新观念的因素有很多，其中一个因素就是时代发展的驱动。随着时代的发展，必然会影响社会大环境中的诸多因素，而这些因素的变动又可能催生新的观念，最终对数字媒体艺术设计产生新的影响。这种影响有积极的一面，也有消极的一面，但新观念极有可能会促使设计者产生新的灵感，进而打开艺术设计的新思路。

## 三、工业产品设计

### （一）工业产品设计的概念

关于工业产品设计的概念，不同的组织和学者所给出的界定也不同。国际工业设计协会理事会认为，工业产品设计是一种创造性的活动，其目的是为物品、过程、服务以及它们在整个生命周期中构成的系统建立起多方面的品质。① 也有学者从广义和狭义的角度出发，对工业产品设计的概念进行了界定。广义的工业产品设计几乎包括我们所指的“设计”的全部内容，它是以批量生产的工业产品设计为主，兼顾视觉传达设计和环境设计，为了达到某种特定目的，从构思到建立一个切实可行的实施方案，并用明确的手段表示出来的系列行为。它包含了一切使用现代化手段进行生产和服务的设计过程，所以存在以“工业设计”代替整个“设计”概念的做法；狭义的工业产品设计是指对所有的工业产品进行的设计，其核心是针对工业产品的功能、材料、构造、形态、色彩、表面处理、装饰等要求，从社会的、经济的、技术的、审美的角度进行综合处理。② 本书所界定的工业产品设计是从狭义的角度出发的，即认为工业产品设计是对所有工业产品进行的设计，包括为了生活和生存得以维持与发展所需的诸如装备、工具、器械等产品的设计。

### （二）工业产品设计的类别

从上文对工业产品设计概念的界定可知，其涵盖的范围非常广，分类非常复杂，但笔者在综合了所有的类别之后，认为可以将其概括为三类，如表 2-2 所示。

---

① 王展．工业产品设计初步 [M]. 北京：国防工业出版社，2015：3.

② 余建荣，王年文，胡新明．工业产品设计 [M]. 武汉：湖北美术出版社，2008：6.

表2-2　工业产品设计的类别

| 类　别 | 详细内容 |
| --- | --- |
| 轻工业产品设计 | 主要指针对生活消费品等产品进行的设计，包括民用电子产品设计、家用电器设计、服装设计、家纺设计、日用器具设计、钟表设计、文化用品设计、玩具设计等。轻工业与社会大众的日常生活息息相关，它在很大程度上影响着人们的生活质量 |
| 重工业产品设计 | 主要指针对大型设备、工具、机械等产品的设计，包括交通运输工具（如飞机、汽车、轮船等）设计、军事工业产品（各种兵器、军事设备等）设计、重型机械设备（工程机械、农业机械等）设计等。重工业是一个国家综合实力的体现，对社会的影响力是巨大的 |
| 手工业产品设计 | 主要指针对具有传统特色和地域特色的手工业产品的设计，其核心是凸显产品的文化价值 |

### （三）工业产品设计的基本要求

1. 功能性

功能性指工业产品所具有的某方面的用途和功效，这是所有产品的一个基本要素，所以针对工业产品设计的首个要求就是要具备功能性。工业产品的功能性主要体现在两个方面：一方面是物质功能，即能够满足人们物质方面的需求；另一方面是精神功能，即能够在一定程度上满足人们精神方面的需求，如审美需求。任何一种工业产品，至少要具备上述两种功能中的一个。

2. 经济性

经济性指设计出的工业产品能够产生较高的经济效益。对于大多数的工业产品而言，经济效益是第一位的，这就要求设计者在设计工业产品时，需要对其造价、成本等进行全面的考量，从而保证以最少的成本投入获得最大的经济效益。

3. 适应性

适应性指工业产品设计应考虑其所处的社会环境，以便使设计出的产品能够适应其所处的环境。任何工业产品的使用都是在一定的社会环境下进行的，而社会环境是极其复杂的，这就要求设计者在设计工业产品时，不能只从产品本身的功能出发，还需要考虑其所处的社会环境。以服装设计为例，服装的物质功能并不复杂，主要包括遮体、挡风、避寒、防晒等，但在不同的环境中，服装的外在形式有着很大的区别，这

就要求设计者能够结合不同环境对服装的要求设计出相应的形式。

4.创新性

创新是现代艺术设计的灵魂，缺少了创新，任何产品都将被湮没在时代发展的洪流中，工业产品设计同样如此。在科技日新月异的今天，产品更迭速度不断加快，加之人们对产品要求的提高，必须寻求创新，打破原有思维框架，从而不断提升产品的竞争力。

## 四、公共艺术设计

### （一）公共艺术设计的概念

公共艺术设计指以社会公共环境、公共设施、公共传播等为主要载体，运用现代设计方法，创造生活方式美、生活空间美和信息传情达意的设计行为。公共艺术设计作为一种较新的艺术设计类型，其目的在于通过公共艺术设计的导入，改变社会公共环境的面貌，凸显当地的某种特质（如地域文化），并促进当地城镇的识别和城镇性格的塑造。例如，图 2-7 中，以道路为主体增加了一些类似门框的设计，使道路具有了几分走廊的感觉，整体环境也不再过于单调。当然，随着人们观念的不断改变，公共艺术设计的意义也在不断变化，而创造人类生存和社会环境的生态和谐是当前人们普遍追求的终极目标。

图 2-7　公共艺术设计对公共环境的改善作用

### （二）公共艺术设计的特征

1. 公共艺术设计的公共性

公共性是公共艺术设计的一个基本特征，因为公共艺术就是存在于公共领域中的艺术。关于公共领域，哈贝马斯指出："所谓公共领域，首先意指我们社会生活中的一个领域，在这个领域中，像公共意见这样的事物能够形成。公共领域原则上向所有公民开放。公共领域的一部分由各种对话构成，在这些对话中，作为私人的人们来到一起，形成了公众。"① 由此可见，公共领域是开放的、自由的，在公共领域中，每个人都有发表意见的权力。具体到公共艺术设计中，公共领域、公共艺术设计、公众三者之间的关系构成如图 2-8 所示。

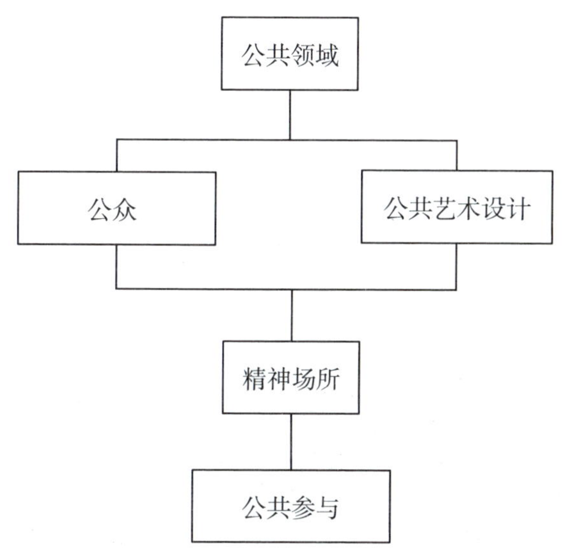


图 2-8 公共领域、公共艺术设计、公众三者之间的关系构成

由图 2-8 可知，在公共艺术设计中，虽然艺术设计是由设计师完成的，但其所创作的艺术是存在于各个领域之中的，该艺术作品不仅需要得到设计师本人的认同，还需要得到公共区域的精神认同，即得到公共区域中大多数公民的认同。

2. 公共艺术设计的艺术性

作为一种艺术形式，公共艺术自然也具有艺术性的特征。公共艺术

① 哈贝马斯．公共领域的结构转型[M]．曹卫东，译．上海：学林出版社，1999：58.

作为公共领域中的艺术，已经成为社会大众生活中的一部分，所以其设计要合乎大众的审美，同时通过外在形象、色彩、质地等要素向人们传达相应的情感或理念，进而使人们受到感染。比如，在公共场所设计雕像时，不仅需要从审美的角度去思考雕像的造型、色彩、肌理等，考虑雕像与空间的协调关系，还需要从公众心理的角度去思考该雕像能够引起社会大众怎样的审美理想和审美意趣，这样才能赋予作品更强的艺术性。

3. 公共艺术设计的实用性

公共艺术不仅要具备审美性，还应具备一定的实用性。不可否认，作为一件艺术品，公共艺术设计应优先考虑其审美性，但实用性和艺术性之间其实并不矛盾，两者存在内在的统一。比如，一些公共领域中的公共设施，既具有实用性，也具有审美性。如图 2-9 所示的导视牌，既具有导视的功能，也具有一定的艺术审美性。

图 2-9　兼具实用性与艺术性的导视牌

4. 公共艺术设计的文脉性

所谓文脉，是指一个城市记忆的延续。在现代社会，公共艺术设计对地方文脉愈加重视，越来越多的公共艺术作品开始被赋予地方文脉性。深究其原因，大致有三：①地方文化在逐渐走向消亡，而为了避免地方文化的消亡，越来越多的地方开始通过公共艺术设计弘扬地方文化；②

地方文化具有很强的地域特色性，这对凸显城市特色具有积极作用；③人们希望尊重自然地理和文化地理因素所造就的各类城市的独特景观与人文环境，为后人保留更为多样的城市“样本”之谱系。在上述几种因素的共同作用下，公共艺术设计的文脉性愈加地凸显。其实，作为一个城市的重要组成部分，公共艺术（小到公共场所中的一个设施的艺术创意，大到公共环境中的景观艺术营造）在一定程度上反映着一座城市的生活历史和文化态度，同时也为城市形象的塑造发挥着积极作用。从这个意义上来说，公共艺术应该作为一个传承和发展地方文化的载体，并在历史意味或文化精神上使现代和过去产生某种关联和对话。

### （三）公共艺术设计的原则

1.以人为本的人文原则

所谓以人为本，从宏观的角度来讲，是指在社会发展过程中，要实现以人的全面发展为目标，将社会大众的利益作为工作的落脚点；从微观视角来看，则是要落脚到社会大众的需求上，并体现人文关怀。公共艺术设计的作用对象虽然是公共环境，但公共环境的作用对象是人，所以公共艺术设计最终的落脚点是人。因此，在公共艺术设计中，必然需要充分考虑“人”这一要素，并将尊重人、爱护人、关心人的理念贯彻在公共艺术设计的创造活动中，从而切实贯彻以人为本的人文原则。

2.可持续发展的生态绿色原则

可持续发展是一种强调人与自然生态相协调的发展，该理念将人与自然生态看作相互依存的有机统一体，人的发展不能以破坏自然生态环境为代价。党的十九届五中全会中提出，继续把绿色发展、生态发展放在重要战略位置。在坚持可持续发展的大环境下，公共艺术设计也应该秉承绿色生态的原则，其具体体现在两个方面。一方面，公共艺术设计的绿色生态原则是指在设计中设计师要尽可能考虑如何减少自然资源的消耗、减少对环境的负担以及对环境的污染，这是就公共艺术设计本身而言的。另一方面，则是指公共艺术设计需要传达绿色生态的理念，可以是在内容上，也可以是在形式上，这是就公共艺术设计的外在表现而言的。总之，在可持续发展的大环境下，设计师应着眼于人与自然生态的平衡关系，从而使公共艺术设计得到进一步发展。

3. 大众参与的社会原则

设计师是公共艺术设计的主体，在设计活动中，他们扮演着决策者和实践者的角色，但公共艺术最终作用的对象是社会大众，所以公共艺术设计不能忽视社会大众的看法和建议。因此，在公共艺术设计中，设计师应调动社会大众参与的积极性，鼓励社会大众对公共艺术设计建言献策。由于很多人对公共艺术设计并不了解，所以提出的意见也许并不专业，但对于设计师而言，这些建议却能够让他们进一步了解社会大众的需求，甚至有助于开阔他们的设计思路，其意义可见一斑。

## 第三节　现代艺术设计思维与创意

### 一、现代艺术设计思维

#### （一）现代艺术设计思维的概念

要明晰现代艺术设计思维的概念，首先需要对思维有一定的了解。思维是人类所具有的高级认识活动，是指对新输入的信息与大脑内储存的知识经验进行一系列复杂的心智操作过程。通过思维活动，人们对生活中的各种客观事物有了概括性的认识，并在此基础上进行创造活动。思维作为一种复杂的心理活动，具有主动性（在某种动机的驱使下进行的主观行为）、倾向性（受个体先前经验的影响会向某个方面有所倾向）、心理性（受心理因素的影响）等特征。总之，思维是一种高级的认识活动，而现代艺术设计思维则是围绕现代艺术设计展开的一种思维活动。具体而言，现代艺术设计思维可以概括为，设计师在设计过程中，通过对生活进行观察、体验、分析，突发直觉、灵感、意象和想象力，并对所选素材进行设计整合，形成完整的艺术设计形象的艺术创意活动或是再创造的过程。

### （二）现代艺术设计思维的多种形式

1.逻辑思维

逻辑思维是指人们在认识过程中借助概念、判断、推理等思维形式反映客观现实的理性认识过程。逻辑思维是思维的一种高级形式，其特征是有条理的、有根据的、前后一贯的，所以经过逻辑思维后，人们可以对事物的本质和规律形成更加深刻的认知。逻辑思维对于现代艺术设计而言是十分重要的，它作为一种理性的方法，在指导现代艺术设计思考与实践中发挥了重要的作用。例如，在设计某个产品时，需要充分考虑市场的需求情况，这就需要运用逻辑思维对市场进行系统的调查和分析，从而设计出满足市场需求的产品。当然，在实际设计中，逻辑推理的顺序并不是一步步进行的，因为影响设计的因素众多，但可以肯定的是，逻辑思维能够为艺术者提供一个大致的方向，这可以最大限度地避免盲目的经验化技术表现。

2.形象思维

形象思维是利用身体的感觉器官对客观事物的直观感受进行思维的过程。与逻辑思维不同，形象思维的特点是直观性、可感性，属于一种比较感性的思维活动。在形象思维中，“形象”是核心，其投射到现代艺术设计中，则表现为设计物的外在视觉形象，它是设计物承载信息的载体，缺少了形象，信息也便无从承载。在形象思维中，在“形象”之上还存在更加高级的阶段——想象，它的存在使设计物的形象变得更加多样。总体而言，形象思维虽然是直观的，是基于人的感觉器官形成的，但它不受时间和空间的限制，而且具有较强的主观性，是现代艺术设计中不可或缺的一种思维方式。

在运用形象思维进行艺术设计时，有多种方法可以采用，常见的有如下四种。

（1）直接法：将形象直接运用到艺术设计中，不对原形象进行改造。

（2）深化法：在原有形象的基础上进行深化加工，并突出该形象的某些特征，从而使该形象更加生动。

（3）分化法：在原形象的基础上分化出多个与该形象相似的形象，从而设计出更多新的形象。

（4）重构法：将原有形象解构，形成多个零散的元素，然后再将这些元素重组起来，形成新的形象。例如，图 2–10 便是采用重构法设计的一个图案，该图案中的形象源自半坡文化中的彩陶，设计者将彩陶中的纹饰提取出来，进行解构和重组，最后得到了图 2–10 所示的图案。

图 2–10　重构法设计的半坡文化文创产品

3. 直觉思维

直觉思维是在坚实的理论基础、敏锐的观察力、丰富的经验与高度的概括力及形象、逻辑思维的积累的基础上，凭人类的直觉用猜测、跳跃、压缩思维过程进行的快速思维方式。人们常常认为直觉思维属于第六感，是一种感性思维，但其实，直觉思维既有感性的成分，也有理性的成分，它只有处在逻辑思维的调控下并得到验证时，才能够实现。由此可见，直觉思维存在潜在的逻辑认知阶段。

在现代艺术设计中，直觉思维是一种极其重要的思维方式，它又被称为灵感思维，这是因为直觉思维常常是以一种灵光乍现的方式出现，或者因为某个偶然的因素突然迸发出来的。相信很多设计师在艺术设计中都有过类似的经历，在经过了反复的思考之后，一个想法突然闪现出来，各种新思路、新形象接踵而至。直觉思维作为一种潜藏于人们思维深处的活动形式，它的出现具有一定的偶然性，但也存在一定的必然性，而通过加强知识的积累，并勤于思考和研究，无疑能够提高直觉思维出现的概率。

4. 聚合思维

聚合思维是指从思维活动的指向上进行的内聚式的、求同的思维。聚合思维是一种有方向、有条理的思维，通过将广阔的思路聚焦到一个点上，探求出正确的答案。在现代艺术设计中，聚合思维的作用就是将设计者搜集到的信息“聚合”起来，并探寻他们的共性和本质特征。在设计之初，设计者搜集到的素材往往是杂乱的、无序的，此时设计者也大多处于一种比较混乱的状态，而随着思维活动的不断深入，各种素材的共性逐渐显现，设计者的思路也逐渐清晰，最终设计的形式也随之逐渐完善。由此可见，聚合思维的运用大致有三个步骤，如图 2–11 所示。

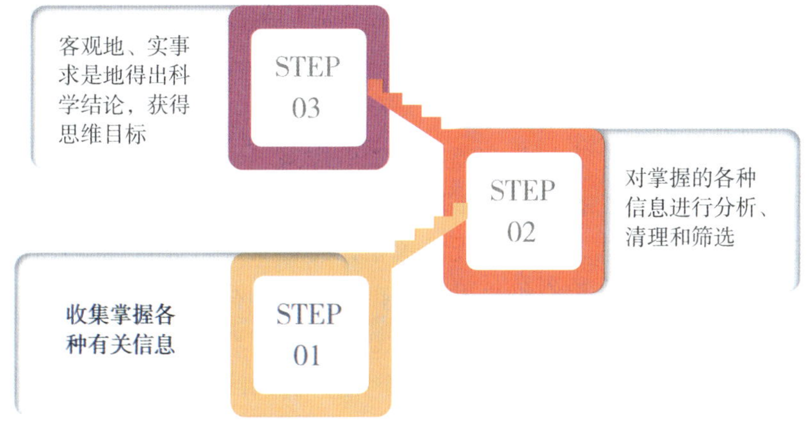


图 2–11　聚合思维的运用步骤

5. 发散思维

发散思维是以某一问题为中心，沿着不同方向、不同角度，向外扩散的一种思维方法。[①] 发散思维表现为思维的开阔性，它不拘泥于传统的思维框架，不墨守成规，能够从不同的角度去思考同一个问题。我们常说的“举一反三”“一物多用”，其实都是发散思维的一种体现。依据发散点的不同，发散思维可分为如下五种类型。

（1）功能发散：以事物的功能为发散点，去设想该事物可能具备的其他功能，或者以该功能为目标，设想实现该功能的多种途径。

（2）结构发散：以事物的结构为发散点，由该结构设想出其他可能的各种结构。

① 吴兴华 . 创新思维方法与训练 [M]. 广州：中山大学出版社，2019：52.

（3）材料发散：以事物的材料为发散点，设想该材料还具有哪些用途。

（4）方法发散：以事物的使用方法为发散点，设想该事物可能存在的其他使用方法。

（5）因果发散：以事物的因或果为发散点，设想导致该结果的多种原因或该原因可能导致哪些结果。

在现代艺术设计中，发散思维发挥着越来越重要的作用，因为人们对各类型设计产品的要求在不断提高，而单一的设计模式显然不能满足人们的需求，这就要求设计者必须具备发散性思维，能够以多角度、多方向进行思索，从而产生新的设计思路。我们可以将人的大脑看成一棵树的树干，发散性思维能够促使树干生出新的树枝，树枝的数量越多，代表着思路越开阔。

需要注意的是，发散性思维和聚合性思维之间并不是相互孤立的，虽然两者各有特点，在设计的不同阶段各自发挥着不同的作用，但两者其实是一种相辅相成、相互补充的关系，而且从人思维的整体去看，人的思维呈现“发散—聚合—再发散—再聚合”的特点。由此可见，在现代艺术设计中，发散思维和聚合思维总是交替出现的，而每次交替都会促进思维的进一步深化，最终形成一个完整的设计思路。

## 二、现代艺术设计创意

### （一）现代艺术设计创意方法

所谓创意，简单来说就是创造出新意。在现代艺术设计中，创意至关重要，这是打破常规思维的一种体现。在现代艺术设计中，有很多可以催生创意的方法，在此简要介绍几种。

1. 头脑风暴法

头脑风暴法又称脑力激荡法，该方法的操作大致为，将需要参与头脑风暴的人组织起来，与会人员针对一个议题进行分析，并大胆发表自己的看法和建议，在相互讨论中，通过各种看法和建议的碰撞，很可能会创造出更多、更好的方案。

头脑风暴法一般分三个步骤进行，如图 2-12 所示。

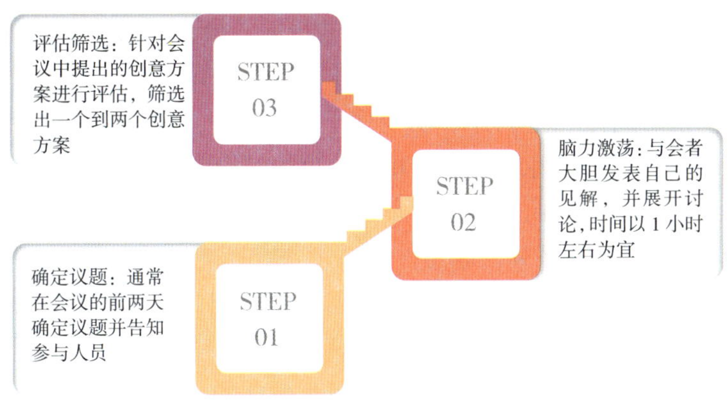


图 2-12　头脑风暴法的步骤

为了营造更好的讨论环境，促使更多创意的产生，在采用头脑风暴法时，需要遵守如下三个原则。

（1）自由畅想原则。鼓励与会者解放思想，畅所欲言，使与会者的思维能够自由驰骋，这样才有助于打破原有经验的局限。秉持自由畅想的原则可能会导致一些荒诞的想法产生，但其实正是这些大胆的想法才有助于催生新颖、富有创意的想法。

（2）延迟评判原则。延迟评判是指针对与会者提出的想法不立即进行评判，而是待头脑激荡结束后再进行评判。如果在与会者头脑激荡的过程中进行评判，不仅会影响会议的连贯性，还容易因为评判的不一致性造成紧张的气氛。头脑激荡对氛围的要求很高，如果整体氛围比较压抑，势必影响与会者思索和讨论的积极性，进而影响最终的效果。因此，与会者的想法和创意，必须在头脑激荡结束后再进行评判。

（3）数量保障质量原则。根据质量互变规律可知，事物在发展的过程中存在质变和量变两种状态，而当量变发展到一定程度时，便会引发质变。在头脑风暴法的实践中，奥斯本发现这一规律同样适用，当与会者提出的创意想法越多时，包含创造性的创意也就越多。① 因此，在运用头脑风暴法时，应鼓励与会者畅所欲言，多多发表自己的见解，从而以数量来保证质量。

2. 超序联想法

有序的组合构成了人类生存的有序世界，而在有序的世界中，人类

① 周祯祥 . 创新思维理论与方法：2005 年版 [M]. 沈阳：辽宁大学出版社，2005：302.

的思维活动也往往是按照有序的规律进行的。但是，对于设计师而言，有序组合仅仅是设计的一个思路，而非全部，设计师应该学会打破有序组合（包括时间序、空间序、功能序）的规律，寻求新的思路和空间。通过设计师的联想，将风马牛不相及的事物结合在一起，可以产生令人惊叹的创意构想。因此，在超序联想法中，除打破事物的有序组合外，还需要设计师进行一系列的联想。

关于联想，日本创造学家高桥浩说过："联想是打开沉睡在头脑深处记忆的最简便和最适宜的钥匙。"① 在人的大脑中，储存着很多对客观事物的特有印象，这些印象之间并不是相互孤立的，当某个印象通过联想被唤起时，便可能会同时唤起和其相关的印象，从而形成一系列的联想。而通过将不同的印象进行组合，便能够得到诸多的创意联想，如同万花筒一般，当转动万花筒时，便可以得到无穷无尽的组合。例如，汉字和建筑之间，两者没有直接的联系，但通过超序联想，却能够将两者有机结合起来，形成一种颇具创造性的创意构想。以西安美术馆的标志（图 2-13）为例，该标志便是将陕西特色文化和唐朝时期的建筑形状与"美"字进行穿插设计（图 2-14），同时又结合新馆的特点进行了简化设计，使整个设计颇具陕西文化特色。

图 2-13 西安美术馆标志

① 米宝山，张非．产品形态设计思维的探讨 [J]. 艺术与设计（理论），2009，2（12）：185-187.

图 2-14　西安美术馆标志设计思路

3. 分脑比较创意法

人类的左脑和右脑具有不同的能力和分工，左脑负责逻辑性的分析，右脑负责直觉的综合性思考。分脑比较创意法参考的便是人类大脑的这一机制，将参与人员分成两个小组，其中一个小组为分析性小组，另一个小组为创造性小组，最后将两组的创意组合起来。

分脑比较创意法的步骤如下。

（1）将参与人员分为两组，每组 6 ~ 8 人，人数尽可能相等，一组进行综合性思考，另一组进行分析性思考。

（2）将两组分开，提出相同的问题，分析性思考小组负责从理性逻辑层面提出创意，综合性思考小组负责从非理性的层面（不做任何限制）提出创意。

（3）大约 30 分钟后停止各组的讨论活动。

（4）将两组成员合并为一组。

（5）从两个小组的创意中各挑选一个组合到一起，形成新的创意，或者在参考其中一个创意的基础上对另一个创意进行修改。不断进行这种组合，直到产生足够多比较满意的创意为止。

4. 二元坐标法

二元坐标法是将两组不同事物（或者某一事物的两个方面，每个方面尽可能列出多种选项）分别写在直角坐标系的 X 轴和 Y 轴，然后对其进行交叉组合的一种创意方法。该方法是一种强制组合联想的方法，虽然简单，但非常有效，能够辅助设计师克服惰性意识，打破思维习惯。例如，设计师先在 X 轴上列出一组事物——建筑、文物、书法、音乐，接着再在 Y 轴上列出一组事物——衣服、背包、瓶子、雨伞，然后将 X 轴、Y 轴的各个事物连接起来，形成图 2-15。

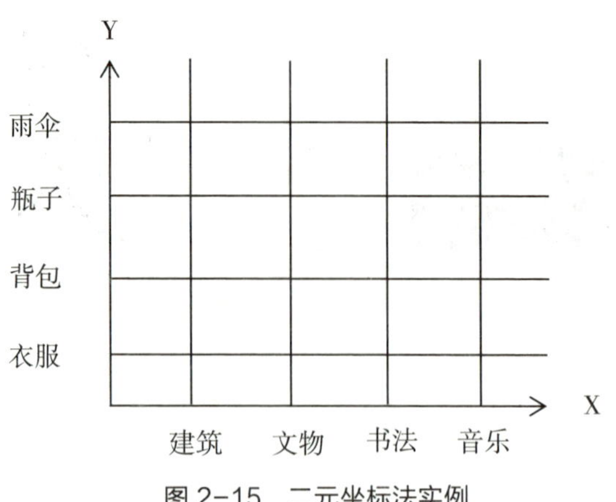


图 2-15 二元坐标法实例

二元坐标法的步骤如下。

（1）绘制出二元坐标图。

（2）在二元坐标上分别列出各种事物，可以是随心所欲地列出各种事物，也可以是有意识地针对某一问题对事物进行分类。

（3）将 X 轴、Y 轴上的事物组合到一起，判断组合后的事物是否是有意义的组合。

（4）从众多的组合中选出有意义的组合。

（5）针对有意义的组合做进一步的分析，选出创意性较强的几个构想。

5. 六顶思维帽法

六顶思维帽法是一种思维代入法，即用六顶颜色不同的帽子代表不同的思维模式，每顶“帽子”在某一个时间段内，都只按照一种思维模式进行思考，而不是同时进行多种思维模式的思考（表 2-3）。

表2-3 六顶不同颜色帽子的含义

| 帽子颜色 | 含 义 |
| --- | --- |
| 白色 | 白色帽子代表着中立和客观，所以代指白色帽子的人的关注点是各种客观的信息、事实和数据，切忌带入主观想法 |
| 黄色 | 黄色代表着事物积极的一面，所以代指黄色帽子的人要尽可能从积极的一面提出想法 |
| 黑色 | 黑色代表着逻辑上的否定，所以代指黑色帽子的人要尽可能挖掘事物消极或否定的一面 |

续　表

| | |
|---|---|
| 红色 | 红色代表着热烈的情绪，所以代指红色帽子的人可以从主观情感的角度去提出想法 |
| 绿色 | 绿色代表着生机，所以代指绿色帽子的人可以大胆提出各种新的想法 |
| 蓝色 | 蓝色代表着冷静，所以代指蓝色帽子的人应掌握全局，同时监管其他各种颜色的“帽子”，起着指挥棒的作用 |

思维的复杂性既有其优越的一面，也有其局限的一面，当一个人进行复杂的思考时，可能会陷入思维的混乱中，而采用六顶思维帽法，则可以使人们在某一个时间段内只按照一种思维模式进行思考，从而使其思路更加的清晰，进而在诸多清晰的思路中总结出创意性较强的构想。

### （二）现代艺术设计创意的过程

现代艺术设计创意以目标的确定为起点，以创意的获得为终点，其大致经过五个阶段，即确定目标、收集资料、酝酿创意、创意形成、创意完善，如图 2-16 所示。

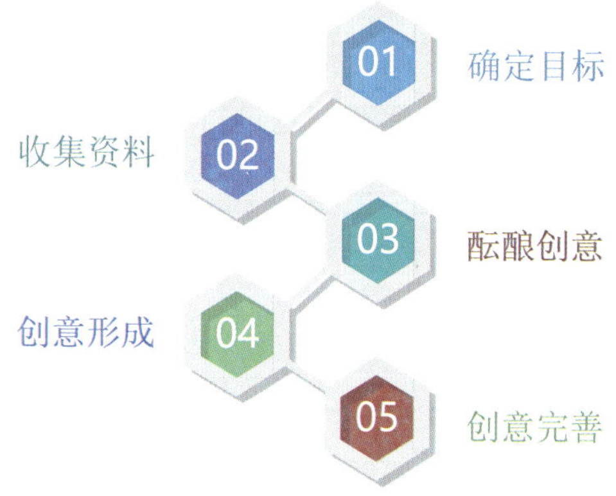


图 2-16　现代艺术设计创意的过程

1. 确定目标阶段

确定设计目标是第一步，这是基于设计师的需求产生的，而设计师的需求通常是在分析市场情况的基础下产生的。通常情况下，随着目标设定难度的增加，设计师的动机越强，就越可能产生优秀的设计，但难度过高也容易打击设计师的积极性，所以目标的难度应适中。目标的确定不能是盲目的，而是多方分析论证的结果。

2. 收集资料阶段

该阶段主要是收集素材，在确定目标的基础上，收集相关资料。收集的资料应尽可能详细，涉及的面也应尽可能广泛，然后对收集的资料进行整理、分析和归类。收集资料的过程不仅是知识积累的过程，也有助于思维的发散，所以每位设计师都应重视资料的收集。

3. 酝酿创意阶段

在该阶段，设计师应采用适宜的方法促使创意产生，具体方法的选用结合实际情况而定。该阶段可能会出现“山重水复疑无路”的感觉，无论设计师采取什么方法，都可能得不到理想的创意。此时，设计师可以暂时从困境中脱离出来，让自己进入一种放松的状态，如听音乐、散步等，在放松的状态下，也许一个偶然的因素便会激发灵感，进而产生一种“柳暗花明又一村”的感觉。

4. 创意形成阶段

创意有可能是突然迸发出来的，也有可能是在一步步递进中形成的，但无论哪种形式，在经过酝酿阶段后，创意最终都会形成。

5. 创意完善阶段

针对形成的创意，还需要设计师做进一步的深化和完善，所以设计师需要结合创意原则和设计目标对创意进行补充与修正，从而使其更加符合设计目标。

# 第三章　中国传统文化元素与现代艺术设计的关系及融合的必要性

## 第一节　中国传统文化元素与现代艺术设计的关系分析

### 一、文化与设计的关系

要将中国传统文化元素有机地融入现代艺术设计，需要从宏观的视角认识文化与设计的关系，这样才能在宏观指导下，更加有效地将中国传统文化元素与现代艺术设计相融合。其实，从某种意义上来说，设计也是一种文化现象，它和文化之间的关系非常密切，两者相互影响、相互作用，具体关系表现如下。

#### （一）文化影响设计

文化在社会各要素中占据着非常重要的地位，它也对社会中的其他要素产生着重要的影响。设计作为社会生产生活中的一个重要因素，无时无刻不在受文化的影响，而文化受地理环境、历史政治等因素的影响，所以在不同时期、不同地域，由于文化的不同，其设计理念、设计原则、设计风格等都会存在差异，进而影响设计的最终呈现。如果做进一步的分析，文化对设计的影响可以具体到设计师和社会大众的审美观念和思维方式上。就设计师而言，其设计风格、设计理念受其思维方式和审美价值的影响，而在不同的文化环境下，设计师所形成的思维方式和审美价值是不同的，所以最终呈现的设计也是不同的。就社会大众来看，社会大众虽然不直接参与到设计中，但设计最终呈现的内容是面向社会大众的，所以社会大众的思维方式和审美观念会对设计产生间接的影响，进而影响设计的最终呈现。

### （二）设计反映文化

因为设计受文化的影响，所以反过来看，设计从一定程度上也能够反映文化，我们可以将其看作反映文化的一面镜子。具体而言，其对文化的反映主要体现在如下几个方面。

1.设计能够反映民族的精神特质

民族精神特质是世界各民族在世界舞台上、世界历史上、世界文明中专有的特指的标志性特征。① 不同的民族有着不同的精神特质，这些精神特质常常会烙印在设计中，所以透过设计可以看到一个民族的精神特质。例如，和谐作为中华民族的精神特质之一，在很多设计物中都有体现，人们借助这些设计物去反映他们对于和谐的追求。

2.设计能够反映国家的文化思想

文化思想是宏观层面的内容，一个国家有着怎样的文化思想，必然会反映在设计中，所以透过设计便可以窥探国家的文化思想。比如，敦煌莫高窟的修建先后历经了多个朝代，其艺术风格随着朝代的变迁也在发生着变化，而透过其风格的变化，我们可以从某个角度了解不同朝代的文化思想。

3.设计能够反映社会的进步

设计从某个层面上反映了社会的进步。其实，设计作为人类文化的一个组成部分，必然会随着人们文化的进步而发生变化，并通过外在形式或内在意蕴表现出来。因此，透过设计我们也可以看到人类文化的进步。例如，唐朝的《金刚经》刻本是采用雕版印刷术刻印的，而宋朝的

① 佘双好．中国梦之中国精神 [M]．武汉：武汉大学出版社，2015：67.

《大藏经》刻本是采用活字印刷术刻印的，不同的刻本反映了印刷术技术的进步和发展。

### （三）设计反作用于文化

设计在受文化影响的同时，不仅留下了文化的烙印，还反作用于文化。具体而言，其对文化的反作用主要体现在如下几点。

1.设计影响着社会文化

如前文所述，设计其实也是一种文化形态，并体现在诸多领域中，如公共艺术设计、工业产品设计等。设计通过其所体现的领域去影响社会文化。以公共艺术设计为例，作为影响社会大众艺术审美的一个要素，公共艺术设计发挥着重要的审美价值，而其审美价值是通过设计体现的，所以当设计借助公共艺术作用于社会大众之后，会对社会大众文化产生一定的影响，进而对整个社会文化产生影响。

2.设计丰富了文化的形态

文化的形态很多，有物质型文化、精典型文化、社会关系型文化、心理型文化等。设计对文化形态的丰富作用不是体现在对文化形态的增多，而是对文化形态内容的丰富。以物质型文化为例，设计并没有使物质的种类增多，而是使物质的外在表现形态变得丰富，如一块木头，经过雕刻之后形成了各种各样的形态。随着设计理念的不断发展以及设计技术的进步，设计对文化形态的丰富作用将会进一步凸显。

## 二、中国传统文化与现代艺术设计的相互促进关系

### （一）中国传统文化对现代艺术设计的促进

中国传统文化对现代艺术设计的促进作用主要体现在设计理念、表现形式和内在意蕴三个方面，内容如下所述。

1.用传统文化思想丰富现代艺术设计的理念

设计理念是现代艺术设计的重要指导，任何的设计实践都是基于设计理念而形成的。好的设计理念至关重要，它能够赋予设计作品文化内涵和风格特点，也能够令设计作品具有专业化、个性化的效果。设计理

念不是固定不变的，而是随着设计师阅历的增长发生变化，而且面对不同的设计需求，其设计理念也应该有所不同，这样才能满足更加多样化的设计需求。尤其在当前的社会环境下，人们的审美需求越发的多样化，单一的设计理念显然已经不能满足这种多样化的需求，所以设计师的设计理念需要不断地进行丰富。中国传统文化思想作为中国传统文化中的重要组成部分，即便在现代社会依旧具有重要的价值，如天人合一的思想、修身克己的思想，这些思想对于丰富设计师的设计理念具有积极的促进作用。

2. 用传统文化丰富现代艺术设计的表现形式

中国传统文化的内容非常丰富，设计师可以从中提取大量的元素，并将其运用到现代艺术设计中，从而起到丰富现代艺术设计形式的作用。中国传统文化是随着中华民族的发展而发展的，其中的元素不仅具有丰富的文化内涵，还在一定的地域范围内具有极高的认同感，因此设计师完全可以从传统文化中获取灵感，并结合现代艺术设计的需求，采取直接借用或提取再设计的方式，将传统文化运用到现代艺术设计之中。直接借用的方式操作简便，但局限性较大，需要充分考虑传统文化元素和设计产品之间的契合性；提取再设计的方式虽然复杂，需要设计师进行一定的创意设计，但局限性较小，设计师可以在保留其文化内涵的基础上，对其外在形式进行一定的变换处理，这样不仅有助于进一步丰富现代艺术设计的表现形式，还有助于赋予传统文化元素一定的时代感。无论采取什么方式，有一点是毋庸置疑的，即传统文化丰富的内容为现代艺术设计提供了更多可以利用的元素，这对丰富现代艺术设计的表现形式具有重要的意义。

3. 用传统文化提升现代艺术设计的内涵

根据本书第二章第一节中对现代艺术设计要素的论述可知，现代艺术设计兼具实用功能和审美功能，只是不同的设计产品其功能侧重不同。有些设计产品侧重实用功能，而有些设计产品则侧重审美功能。对于侧重审美功能的设计产品来说，或是通过外在形式去表现，或是通过其内涵去表现，或是通过两者的融合去表现。中国传统文化具有丰富的内涵，包括精神内涵和文化内涵，将其融入现代艺术设计中，无疑能够起到提升现代艺术设计内涵的作用。以图 3-1 所示的几个钥匙链为例，钥匙链

中的图案取材于风筝的图案，而风筝的图案大多具有一定的寓意，如蝴蝶象征着爱情、蝙蝠象征着福气、燕子象征着吉祥，将这些带有寓意的图案融入钥匙链的设计中，使钥匙链也具有了相应的寓意，使精神内涵得到了提升。

图 3-1　融入风筝图案的钥匙链

### （二）现代艺术设计对传统文化的促进

现代艺术设计对传统文化的促进作用主要体现在对传统文化的保护、弘扬和创新发展三个方面，内容如下所述。

1.现代艺术设计有助于对传统文化的保护

中国传统文化源远流长、博大精深，在新的历史时期，我国需要进一步加强对传统文化的保护，并不断增强传统文化的吸引力和影响力。文化是一个国家的灵魂，也是一个国家的根基。中华优秀传统文化作为中华民族发展的精神命脉，是中国文化软实力的重要体现。当前，中华民族伟大复兴呈现出光明的前景，我们比历史上任何时期都更接近、更有信心和能力实现中华民族伟大复兴的目标，而保护传统文化，就是在为中华民族的伟大复兴保驾护航。

保护传统文化的路径有很多，而将传统文化融入现代艺术设计中，是一条实践性很强的道路，因为通过这种方式能够让更多的人看到传统文化的元素，加深对传统文化的认识，进而增强对传统文化的保护意识。此外，将传统文化融入现代艺术设计中还能够产生一定的经济效益，这也是促使人们保护传统文化的一个重要动机。相较于单纯的口号宣传而言，切实的经济效益无疑能够产生更好的效果。虽然保护传统文化是每个中国人的责任，我们不能只是为了经济效益而采取行动，但如果能够带来一定的经济效益，再加上自身的责任感，必然会产生“1+1>2”的效果。

2.现代艺术设计有助于传统文化的弘扬

现代艺术设计对传统文化的弘扬体现在两个方面：一方面是站在中国的地域范围内，将带有地域性的传统文化传播到中国的其他地方，让更多的人认识到该地域的文化；另一方面是站在全球地域范围内，将传统文化推向世界各地，让世界各国人民都能够认识到中国传统文化优秀的一面。

站在中国的地域范围内，由于中国幅员辽阔，相距较远的两个地方也许彼此之间并不熟悉对方的传统文化，所以就需要借助一定的手段去弘扬当地的传统文化，从而提升其影响力。现代艺术设计包含的类型很多，如工业产品设计、公共艺术设计等，其中工业产品可以传播到全国各地，而伴随着工业产品的传播，地域文化也会传播到全国各地，进而起到弘扬地域文化的作用。

站在全球地域范围内，当前，世界各国的交流在不断增多，包括经济的交流和文化的交流，而在文化的交流中，要不断凸显和弘扬本国的文化，从而提升本国文化的影响力。弘扬中华优秀传统文化的路径有很多，借助现代艺术设计是弘扬中华优秀传统文化的路径之一。艺术是没有国界的，它可以突破语言的限制，而现代艺术设计作为艺术的一种表现形式，将传统文化融入其中无疑更容易被其他国家的人接受和理解，从而起到弘扬中国传统文化的作用。

总之，我们不仅要保护传统文化，还要弘扬传统文化，使传统文化传播到更多的地方，这不仅可以提升传统文化的影响力，还可以引起人们对传统文化的重视，进而加强对传统文化的保护。

3.现代艺术设计有助于传统文化的创新发展

在现代社会，传统文化除要以本来的样貌被保护和弘扬外，还需要结合时代发展的特征与需求进行创新性的发展。其实，任何事物都是如此，随着时代的发展，都需要进行必要的创新，以凸显时代特征，这样才能符合时代发展的需求，才不会被时代的浪潮吞没。在现代艺术设计中，对传统文化的运用可以采取创意设计的方式，即在提取传统文化后对其进行创意设计，使其更加符合时代特征，从而满足人们的审美需求

与价值观念。有些人认为，对传统文化的创意设计虽然是一种大胆的创新，但改变了传统文化的外在形式，不利于传统文化的保护和传承。在笔者看来，外在形式仅仅是传统文化的一部分，只要在创意设计中保留传统文化外在形式的典型特征，并保留其文化内涵或精神内涵，便是一种有效的创新，也是对传统的创新发展。

## 三、中国传统文化元素与现代艺术设计的共性

在对文化与设计的关系以及中国传统文化和现代艺术设计相互促进的关系进行分析的基础上，笔者将视线进一步聚焦到中国传统文化元素与现代艺术设计的共性上。虽然传统文化元素和现代艺术设计是两个不同的概念，但两者之间存在一定的共性，这些共性是两者能够有机融合的一个重要因素。因此，在下文中笔者将对两者之间的共性做进一步的分析。

### （一）中国传统文化元素与现代艺术设计的形式共性

关于中国传统文化元素与现代艺术设计的形式共性，笔者认为主要体现在三个方面，即形式规律上的共性、节奏韵律上的统一和造型审美上的意蕴。

1.形式规律上的共性

在现代艺术设计中，形式规律是一个重要的表现语言，而在一些中国传统文化中（如绘画、戏曲等），形式规律同样是一个重要的表现语言，由此可见，两者在形式规律上存在一定的共性。

以中国戏曲为例，在戏曲的创作和表演中，存在一些程式化（所谓程式化，是指戏曲中的一些形式、内容、色彩、场景等元素在运用上具有一定的标准性规则）的形式，这些程式化的形式是戏曲艺术家在长期的艺术设计实践中总结出来的。程式化的形式对于戏曲的创作和表演具有积极的作用，但同时也存在一定的负面作用，即会限制创作者和表演者的发挥，因此为了弥补戏曲程式化形式的负面作用，在实际的创作和表演中，创作者和表演者不必完全局限于程式化的形式，这就使得戏曲艺术成为一种收放自如、游离于“约束与自由”之间的艺术形式。但总体而言，程式化的形式作为戏曲艺术的一种形式规律无疑是一种不能忽

视的表现语言。

在现代艺术设计中，形式规律表现为在色彩、造型、构图等方面应遵循的美学原则。比如，在色彩的运用上，应注重整体的色调、配色的平衡、配色中的分割关系等。形式规律对现代艺术设计具有积极的指导作用，是艺术家在长期的艺术设计实践中逐渐探索出的规律，它的形成既有人文因素的影响，也有自然或偶然因素的影响。当然，在具体的艺术设计中，还需要依据设计形式和内容的不同对其进行调整，从而体现出艺术设计的创造性。

虽然在具体的外在表现上，戏曲艺术和现代艺术设计的形式规律不同，但其本质却是相同的，两者之间存在共性，所以形式规律是两者有机融合的一个重要切入点。

2. 节奏韵律上的统一

在变化中寻求统一，是很多艺术形式美法则中的一个重要规律，同时也是艺术美的一个重要规范。同样以戏曲艺术为例，节奏韵律是一个非常重要的表现形式，如故事情节的跌宕起伏、唱词节奏的急徐快慢等，共同构成了戏曲节奏中均匀、和谐的美感。在戏曲艺术发展的过程中，戏曲凭借其极强的包容性，将各种被吸收进来的元素有机地融合，并使之与戏曲原来的元素相协调，进而使戏曲艺术自始至终都保持着其自有的一种节奏韵律感。与戏曲艺术相比，虽然现代艺术对节奏韵律的表现不那么强烈，但这也是现代艺术设计中不可或缺的一个要素。无论是复杂的图案、多样的造型，还是绚丽的色彩，其中都体现着一定的节奏感和韵律感，如日常生活中常见的壁画、雕塑等，都在外在形式美的基础上，透露着内在的节奏韵律美。由此可见，虽然戏曲艺术与现代艺术存在较大的差异，但在对节奏韵律美的表现上两者却存有共同的艺术追求。

3. 造型审美上的意蕴

在中国传统文化中，“以型寓意”是一种常见的表现手法，即通过外在的造型去表达内在的意蕴。而在现代艺术设计中，同样也会借助外在的造型去传达一些理念。同样以戏曲艺术为例，在戏曲艺术中，不同的角色造型往往有着不同的寓意。以大众最为熟知的脸谱为例，不同的脸谱颜色代表着不同的人物形象。例如，红色一般代表着忠贞、英勇的人物形象；黑色一般代表着正直、刚正不阿的人物形象；白色一般代表着

奸诈、阴险的人物形象；黄色一般代表着凶猛、枭勇的人物形象……在现代艺术设计中，针对外在造型的设计，设计师可以采取写实的手法去表达内在意蕴，也可以采取抽象、夸张的手法去表达内在意蕴，但无论采取哪种方式，其作用都是借助外在的造型去表达内在的意蕴。由此可见，在造型审美的意蕴上，戏曲艺术和现代艺术两者之间也有着相同的艺术原理。

### （二）中国传统文化元素与现代艺术设计的文化共性

中国传统文化与现代艺术设计虽然一个产生于古代社会，一个产生于现代社会，但两者在文化上却存在一定的共性，突出表现在民族文化的共性和地域文化的共性两个方面。

1. 民族文化的共性

民族是文化形成的根基，无论是中国传统文化，还是现代艺术设计，都是在中华民族生活的这片土地上形成的一种文化形式，虽然产生于不同的时间，但文化的发展具有历史的延续性（在一个民族间），这种延续性使不同时期的文化或多或少地存在一些共性，即便是不同的文化形式。如果将中国传统文化和现代艺术设计比作不同的树，那么中华民族便是孕育这些树的土壤，这片土壤自始至终都没有改变过，所以从这片土壤中长出的树也自然存在相同的地方，即便种下的是不同的种子。比如，在中国传统文化中，“天人合一”等哲学思想是非常重要的组成元素，这些思想在现代艺术设计中同样有所体现，虽然具体的表现形式已经发生了变化（在现代艺术设计中，“天人合一”的思想更多的表现为人与自然和谐相处以及绿色生态的设计理念），但其本质仍是相同的。总之，无论是传统文化还是现代艺术设计，都受到民族文化的影响，所以都不可避免地带有民族文化的印记，并表现为民族文化的共性。

2. 地域文化的共性

如果民族文化共性是站在时间维度上展开的论述，那么地域文化共性则是站在空间维度上展开的论述。在同一地域，文化同样具有延续性，这就使得同一地域内的不同文化形式也呈现出一定的文化共性。其实，这种现象在现实生活中非常常见，就本书要论述的传统文化元素和现代艺术设计来说，在现代艺术设计中，不同地域都在体现着当地的传统文化元素，这是因为两者之间存在着文化共性，所以两者才能够有机地融合。

综上所述，中国传统文化与现代艺术设计虽然属于不同的文化形式，但两者之间却有着非常紧密的联系，而且在形式和文化等方面也存在着共性，这就为中国传统文化元素融入现代艺术设计提供了理论支撑。

## 第二节　现代艺术设计与传统文化元素融合的必要性

### 一、满足传统文化传承与发展的需求

在上文，笔者已经简要阐述了现代艺术设计对传统文化传承、弘扬和发展的重要作用，这也是将传统文化融入现代艺术设计中的必要性的体现。当然，前文是站在传统文化和现代艺术设计关系的视角下论述的，没有针对传统文化传承和发展的迫切需求做阐述，所以在本节中笔者将就此做进一步的阐述。而在传统文化传承和发展的迫切需求下，将传统文化和现代艺术设计融合就显得非常有必要。

#### （一）传统文化传承与发展的迫切需求

文化是民族的血脉，是人民的精神家园。文化自信是更基本、更深层、更持久的力量。而中国传统文化独一无二的理念、智慧、气度、神韵，增添了中国人民和中华民族内心深处的自信和自豪。当前，中华民族伟大复兴呈现出光明的前景，我们比历史上任何时期都更接近、更有信心和能力实现中华民族伟大复兴的目标。在这一背景下，传承和发展中国传统文化的需求就显得非常迫切。

为了促进中国优秀传统文化的传承，中共中央办公厅国务院办公厅印发了《关于实施中华优秀传统文化传承发展工程的意见》(以下简称《意见》),《意见》指出:“随着我国经济社会深刻变革、对外开放日益扩大、互联网技术和新媒体快速发展，各种思想文化交流、交融、交锋更加频繁，迫切需要深化对中华优秀传统文化重要性的认识，进一步增强文化自觉和文化自信；迫切需要深入挖掘中华优秀传统文化价值内涵，进一步激发中华优秀传统文化的生机与活力；迫切需要加强政策支持，着力

构建中华优秀传统文化传承发展体系。”的确，我国已进入新的历史发展时期，在当前的大环境下，我们应重视对传统文化的传承，它积淀着中华民族最深沉的精神追求，代表着中华民族独特的精神标识，是中华民族生生不息、发展壮大的丰厚滋养，是中国特色社会主义植根的文化沃土，是当代中国发展的突出优势，我们应借助中国优秀的传统文化来增强国家的软实力，最终实现中华民族伟大复兴的中国梦。

### （二）传统文化传承与发展应遵守的原则

传统文化的传承与发展至关重要，但在借助现代艺术设计对其进行保护和传承时，有以下两点原则需要遵守，这样才能更好地保护和传承传统文化，也才能更好地将现代艺术设计和传统文化进行融合。

1.加强对传统文化的认识

关于传统文化，想必很多人都不陌生，但其实很多人对传统文化的认识并不是很深刻，尤其对于设计师来说，如果不能深刻认识传统文化，将很难将其有效地融入现代艺术设计中。因此，加强对传统文化的认识是借助现代艺术设计传承和发展传统文化的第一步。在笔者看来，要深入认识传统文化，可从以下三点着手探讨。

其一，中国传统文化是历史的。中国传统文化是在中华民族长期的生产生活实践中逐渐形成的，在不同的历史时期，其文化形态和内涵也有所不同，所以需要将传统文化置于相应的时空象限之下，将其与当时的政治、经济、制度等紧密联系起来，这样才能对传统文化形成更加客观的认识。由于中国传统文化是历史的，所以不可避免地存在历史局限性，我们应认识到这种局限性，并用批判的态度去继承和发展。

其二，中国传统文化作为社会历史范畴，体现了中华民族文化自身发展的特殊性，代表着几千年来中华民族文化思想和实践的积淀，反映了中华民族的民族性格、生活准则、生存智慧、处世方略，表现出中华民族的民族精神和文化类型。传统文化是中华民族屹立于世界民族和文化之林的依据，是中华民族历经磨难而生生不息的源泉。

其三，中国传统文化是时代的。人类社会具有从过去到现在发展的过程性，那么人类文化就具有从传统到现代转变的适应性。虽然具体到不同国家、民族、地区都有其差异，但就总体而言，莫不如此。中华文化几千年的发展从来都表现为从源到流的过程，从发展趋势来看是不断地向着现代化演变的。实际上，一切现代文明尤其是其精神因素，不可能不具有超越时空的价值和意义。从世界已经实现现代化的国家来看，对传统文化现代价值的挖掘几乎全部是其现代化建设的一个必要环节。由此可见，对传统文化的传承和发展还需要站在当前的时代环境下，赋予其一定的时代特征，这样才能使传统文化时刻保持新的活力。

2. 同时走专业化路线和大众化路线

所谓专业化路线，就是站在专业研究的角度，对传统文化进行深入的探索。专业化路线必不可少，因为随着时间的流逝，中国传统文化中的很多内容被埋没于历史的尘土中，要想拨开历史的尘土，看到传统文化的“真实面目”，就需要对其进行专业化的研究，从历史的尘埃中抽丝剥茧，最终一点点掀开传统文化的“面纱”。当然，揭开传统文化的面纱仅仅是第一步，要想使传统文化得到传承和发展，还需要社会大众这一主力军，所以在走专业化路线的同时，还需要同时走大众化的路线。至于如何走大众化路线，笔者认为可以从以下两点着手。

其一，文化内容常识化。文化内容的常识化，正如科学的常识化，是以理论或科学去变革和更新常识。具体地说，主要是以理论的或科学的世界图景、思维方式和价值规范去变革和更新常识的，也就是使理论和科学成为人们普遍认同和普遍遵循的常识。在现代社会中，非常识的常识化对于人和社会的现代化的同步发展，对于实现人自身的全面发展，具有最基础性的和最普遍性的规范、协调和支撑的重大历史作用。因此，对建设文化强国的宏伟蓝图而言，文化内容的常识化就显得尤为重要。这就需要我国传统文化在传承过程中的表述方式上必须摒弃过于烦琐的逻辑论证，要贴近大众的现实生活，把传统文化的具体内涵同我国的具体实际结合起来，并将之转化为民众价值观念、思维方式和行为方式。只有这样，传统文化的传承与发展才能真正实现大众化。

其二，走进日常意义。对传统文化的传承和发展不能一味地将其置于很高的位置，抽象地对其意义进行描述，因为很多人对此并不完全理解，这显然不利于文化的传承与发展。因此，要使传统文化与民众的日常意义相联系，让民众理解传统文化的传承与发展对其生活的重要意义，这样传统文化才能被社会大众所接受和认可，并由此焕发出更多的生机

和活力。

总之，在当前的社会大环境下，传承和发展中国传统文化的需求愈加的迫切，这就要求设计师在遵守相应原则的基础上认识到传承和发展传统文化的迫切性与必要性，并将其与现代艺术设计相融合，从而满足传承和发展传统文化的需求。

## 二、满足现代艺术设计的需求

随着时代的发展，现代艺术设计的需求也在不断变化，在这一背景下，将中国传统文化元素融入现代艺术设计中，以满足不断变化的现代艺术设计的需求就显得非常有必要。具体而言，中国传统文化元素的融入对现代艺术设计需求的满足突出表现在个性化、多元化、地域本土化和文化性四个方面（图 3–2）。

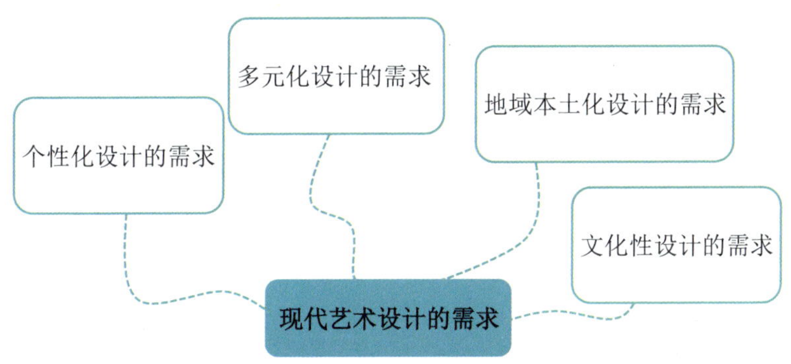


图 3–2　现代艺术设计的需求

### （一）满足个性化设计的需求

所谓个性化，简单来说就是与众不同的，有其独特的一面。在现代社会，个性化发展的思潮越来越猛烈，越来越多的人渴望个性的解放，这种渴望体现到具体的行为中，就是个性的行为以及对个性化产品的需求。在这种背景下，个性化设计的需求不断增加，而如何赋予产品个性则成为众多设计师需要思考的一个问题。其实，对于设计师而言，与众不同的产品设计本身就是设计师所追求的，即便没有社会个性化思潮的推动，很多设计师也都会在产品个性化设计的道路上进行探索。在上述双重因素的作用下，对产品个性化设计的需求无疑达到了一个高峰。

对于产品设计来说，个性化的设计无疑是困难的，但其实也正是因为“个性”自身特点的特殊性——个性需要打破常规，追求与众不同，所以产品的个性化设计也少了很多的局限。比如，在产品色彩、造型等方面进行大胆的创新，融入个性化的设计理念，都属于个性化的产品设计。当然，由于产品最终面向的是社会大众，所以是否真的属于个性化的产品设计，还需要经过市场的检验，只有被社会大众认可，满足社会大众个性化的需求，才能算是一个成功的个性化产品设计。

中国传统文化的内容非常丰富，设计师能够从中选取非常多的元素，而且很多元素本身就具有极强的个性，能够满足社会大众个性化的需求。此外，设计师还可以结合产品的需求对传统文化元素做进一步的处理，从而使传统文化元素在更加贴合产品的同时，也进一步凸显产品的个性化。以图 3-3（左）所示的魔方为例，该魔方的六个面没有采取传统的设计思路（图右边的魔方），而是在六个面上绘制了六个图案，这些图案取材于风筝，不仅图案有所区别，颜色也有所区别，这样既可以起到分辨六个面的作用，同时也具有很强的个性。

图 3-3　基于风筝图案设计的个性化魔方

### （二）满足多元化设计的需求

随着社会的不断发展，人们对产品的要求越来越高，除满足功能上的需求外，还需要满足人们审美的需求、情感交流的需求等精神层面的需求。此外，在追求可持续发展的大环境下，绿色生态的设计理念已成为主流的设计理念，在这种理念的要求下，则需要产品在满足上述需求

的同时，能够尽可能降低对资源的消耗以及对自然环境的破坏。总之，现代艺术设计已经呈现出多元化的发展趋势，而如何满足其多元化发展的需求是需要设计师思考的一个问题。

由于多元化的发展需求指向多个方面，通过某一方面的元素很难全面满足多元化的发展需求，如绿色生态方面的需求需要从技术方面予以满足，而精神层面的需求则可以从文化方面予以满足。由此可见，将传统文化元素融入现代艺术设计中，虽然不能全面满足现代艺术设计多元化的需求，但能够从某些方面满足其需求。例如，图 3-4 是以唐朝人物形象为基础设计的两张明信片，人物为卡通形象，既活泼又可爱，左图的文字为一句唐诗“云想衣裳花想容，春风拂槛露华浓”，右图的文字为几组祝福词——招财、进宝、纳福、吉祥、富贵。两张明信片既能够满足人们的审美需求，又具有情感交流的作用。

图 3-4　明信片

## （三）满足地域本土化设计的需求

在现代艺术设计中，通过融入地域文化，不仅能够提升现代艺术设计的文化内涵，还有助于地域文化的传承与发展。所谓地域文化，是指在一定的自然环境和地理结构等因素的影响下，长期的社会发展所形成的具有自身独特的文化历史传承与审美积淀的文化现象。不同地域有着不同的自然生态环境、人文资源和历史传承，同时不同地域的人们的生活习俗、行为模式等也不同，这就使得不同地域的文化呈现出明显的地域特征。例如，剪纸艺术在很多地区都有，但在不同地区剪纸艺术所表现出的形态却存在差异。比如，南方地区的剪纸图案纹样复杂、细节精制；而北方地区的剪纸图案简练、粗犷质朴。

如今，地域本土化设计的需求逐渐增多，其原因有二：一是通过地域本土化的设计能够提升现代艺术设计的文化内涵，从而提升产品的竞争力；二是通过地域本土化的设计能够促进对地域文化的传承和发展，这在地域文化逐渐消逝的今天显得非常有必要。在这种需求下，将本土的传统文化与现代艺术设计相融合，无疑是一个不错的选择。例如，图3-5中的手机保护套便是以敦煌文化为基础设计的，具有浓厚的敦煌文化色彩。

图 3-5　以敦煌文化为基础设计的手机保护套

### （四）满足文化性设计的需求

根据马斯洛的层次需求理论可知，人在满足了最基本的生理需求后（食物、衣服等），便会产生更高层次的需求。如今，随着人们物质生活的不断富足，对精神生活的需求也在逐步增加，这促使了现代艺术设计

文化性需求的增加。在这种环境下，如何使现代艺术设计更具文化性，以满足社会大众的精神文化需求，是值得设计师思考的一个问题。传统文化作为整个文化体系的重要组成部分，具有深厚的精神内涵与文化内涵，将其运用到现代艺术设计中，能够起到满足社会大众精神文化需求的作用。例如，图 3-6 所示的文具，融入了大明宫建筑的造型，既有个性，也具有一定的文化性。

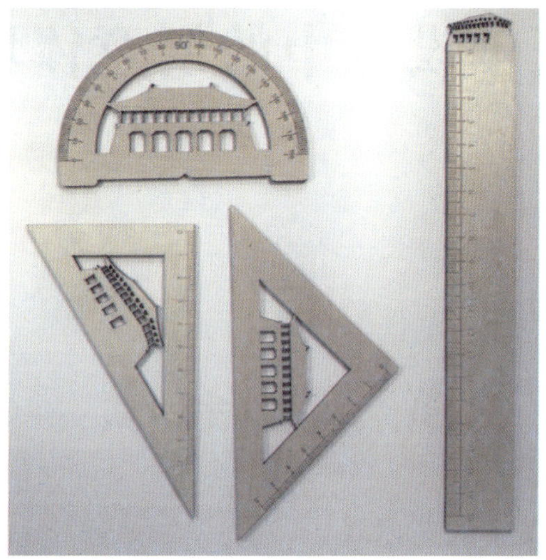

图 3-6　融入大明宫建筑造型的文具

# 第四章　中国传统文化元素在现代艺术设计中的创意体现

## 第一节　汉字创意

### 一、中国汉字的艺术性

汉字是汉语的记录符号，是世界上最古老的文字之一。作为中国传统文化的一个重要元素，汉字除能够记录信息、传递信息外，还具有极强的艺术性，具体表现在如下三个方面（图 4–1）。

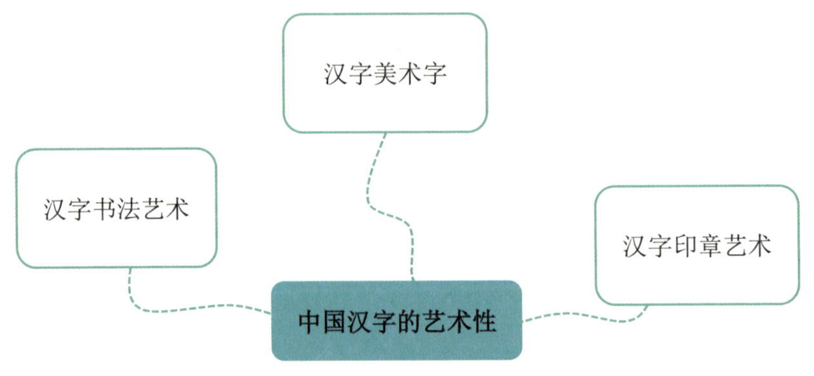


图 4–1　中国汉字的艺术性

### （一）汉字书法艺术

汉字书法是一种独特的线条艺术，人们依靠独特的书写工具——笔、墨、纸、砚（被称为文房四宝）赋予了汉字“生命”，让汉字具有了极强的审美情趣和审美价值。对汉字书法而言，其审美价值已经远远超过了其实用价值，这在世界上是独一无二的。

1. 汉字书法是具有美感的线条艺术

汉字是由线条来呈现的，汉字书法同样如此，它不同于绘画，可以借助色彩去丰富形式和内容，它只能通过线条的变化去获得不同的美感和情感。当然，线条的变化也可以是丰富多彩的，汉字书法正是利用了这一点，通过线条形态的变化以及线条与空间构造的关系，使汉字以多种姿态呈现出来，进而呈现出不同的美感和情感。与此同时，在汉字书法发展的过程中，又形成了多种书体：小篆、隶书、楷书、行书、草书等。不同书体对线条的表现也不同，小篆线条均匀圆转，有极强的曲线美；楷书线条工整端正，庄重美跃然纸上；行书线条秀美自然，有一种流畅美……这使汉字书法在线条的表现形式上又得到了进一步的丰富。

2. 汉字书法具有独特的艺术意境

汉字书法的美不仅表现在对笔画线条的运用上，还表现在其所蕴含的意境上。关于意境，笔者在前文已简要提及，这是一种传统的美学思想，它是由主观的“意”和客观的“境”所组成的，两者缺一不可。客观的“境”是针对书法作品本身而言的，不受外界因素的影响；而主观的“意”是针对书法创作者和欣赏者双方而言的，由于主观情感会受外界因素的影响，所以在不同的情境下，书法创作者所创造的“意”也不同，再加上欣赏者认知、情感、性格的不同，他们对书法作品“意”的感知也必然是不同的。由于欣赏者是一个庞大的群体，我们很难对其进行系统的分析，所以笔者在此对书法意境的分析仅从书法创作者的角度着手。

关于书法创作者对意境的创造，东晋书法家王羲之曾提出了“书意”的概念，即书法中的意味，他认为当创作者赋予书法“意味”之后，书法自然也就有了意境。苏东坡也对书法的意境进行过探索，他认为书法“意境”中的“意”是思想、意味、意念的意思，这种说法与前人有所不同，他更重视书法中所蕴含的思想和情感。在苏东坡之后，黄庭坚、米芾等人也对书法的意境提出了自己的观点。黄庭坚认为，书法的意境在于“韵”，米芾则认为书法的意境在于“自然率真”。虽然不同书法家对书法的意境提出了不同的观点，但有一点是可以肯定的，即汉字书法还应该具有意境，而且这种意境美在形式美之上，与书法技法有关，但又不完全由书法技法决定。也正是由于汉字书法所具有的独特意境，才使汉字书法的审美情趣和审美价值得到了进一步提升，并成为中国传统艺术，乃至世界艺术宝库中一颗璀璨的明珠。

### （二）汉字美术字

美术字是经过艺术设计的图案式文字，具有美化事物的作用。美术字表现的是文字本身的图案美和装饰效果，象形文字为美术字的创造提供了很好的条件。[①] 其他文字如拉丁字母也具有装饰作用，但由于拉丁字母不是象形文字，因此在表现力上比汉字弱了很多。提到汉字美术字，很多人第一时间想到的是现代美术字，但其实在古代也有美术字，只是相较于现代美术字而言，古代的美术字形式较少。另外，现代美术字可以看作对中国汉字的一种创意设计，相关内容的论述在后文展开。在此，笔者仅就中国古代美术字做简要阐述。

1. 古代罕见的美术字——图腾文字

图腾文字常见于商周时期的青铜器上，这种文字属于象形文字，是由图画演化而来的。图腾文字具有较强的装饰性，同时具有很强的原始古朴精神，对后世的美术字及其装饰作用产生了很大的影响。

2. 古代奇特的美术字——鸟虫书

鸟虫书出现于春秋战国时期，常见于青铜器上，是一种用鸟、虫、鱼、兽等形体作为装饰的文字。图 4-2 是河南省南阳市淅川县下寺楚墓中出土的王子午鼎上的鸟虫书。由图片可知，鸟虫书字形修长，线条具有较强的曲线感，给人一种生动活泼的感觉。相较于商周时期青铜器上的图腾文字，鸟虫体显得更加成熟，但该字体在春秋战国之后便逐渐消失了。

---

① 韩鉴堂．汉字[M]．北京：五洲传播出版社，2014：162.

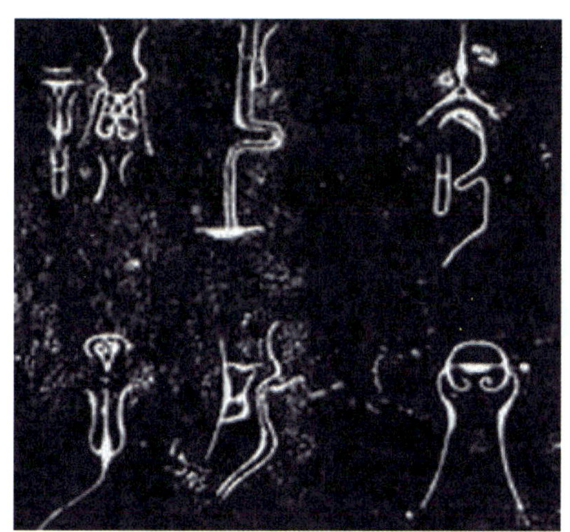

图 4-2 王子午鼎上的鸟虫书

3. 古代优美的美术字——小篆

小篆是秦始皇统一六国后创制的一种汉字书写形式，从秦朝一直流行到西汉末年。小篆具有很强的装饰效果，在秦汉时期，经常用于装饰石碑、印章、兵器。小篆形体平衡对称，笔画圆转优美，其字体具有极强的审美性。小篆常被用于印章、广告、服饰、建筑等设计上，起到了非常好的装饰效果。

4. 古代重要的美术字——宋体字

雕版印刷术是中国古代一项重要的发明，是在板料上雕刻图文并进行印刷的一种技术。该技术发明于唐朝，而到了宋朝，虽然发明了活字印刷术，但雕版印刷术仍被普遍使用。明朝中后期，形成了一种刻书字体——方形字，该字体是一种横平竖直、横轻竖重的方形字。宋体字对后世的影响很大，直到今天仍被广泛使用。同时，宋体字还是现代美术字的基础，其重要性不言而喻。

### （三）汉字印章艺术

汉字印章是用刀将汉字刻在象牙、玉石、金、银等材料上的一种汉字艺术，因为所用汉字多为篆书，所以又被称为篆刻。无论是在古代还是在现代，印章大多是作为凭证广泛应用在人们的日常生活中。中国古代印章大体分为官印和私印两种。官印象征着权力和地位，通常由官府刻制；私印通常作为个人的凭证，以姓名居多，但并不限于姓名，在形式上也更加多样。

汉字印章的美主要体现在三个方面，即书法、刀法和布局。书法是篆书、隶书、楷书等书体的美的表现，刀法是将书法美呈现到象牙、玉石、金、银等材料上，布局则是对字在方寸之间的巧妙安排。其中，书法是最重要的一个方面，有“七分篆，三分刻”之说。当然，刀法和布局也是不可或缺的，任何一个方面出现问题，都会影响整个印章，甚至导致整个作品的失败。例如，齐白石刻的朱文印——《江南布衣》，刻出的线条有连有断、有粗有细，而且四个篆书字体相互依靠、相互穿插，巧妙地组成了一个方块形状，整个印章上的字好似一口气刻成，是一件难得的艺术品。

## 二、中国汉字创意设计的基本方法

汉字独特的结构、丰富的内涵及其所具有的艺术性，使其成为现代艺术设计中的一个“宠儿”，而为了使汉字更好地应用到现代艺术设计中，进一步提升现代艺术设计作品的表现力，常常需要对汉字进行创意设计。在现代艺术设计思维和创意的引导下，结合汉字所独有的特点，笔者总结了如下六点汉字创意设计的基本方法。

### （一）汉字的笔画变动法

笔画变动法就是通过变动汉字的笔画以达到改变汉字整体结构的一种方法。笔画是汉字构成的基础，改变这个基础，汉字的结构也会随之发生改变，但需要注意的是，如果变动笔画后的汉字仍存在信息传达的需求，那么对汉字笔画的变动应该遵循辨识性的原则，即对汉字的笔画进行变动后，人们依然能够将该汉字辨识出来，这样才能确保汉字仍旧具备信息传达的作用。常用的汉字笔画变动法有笔画简省法、笔画连接法和局部影绘法。

1.笔画简省法

所谓笔画简省法，顾名思义就是对汉字的笔画进行简化和省略。由于人们对常见字比较熟悉，因此当将常见字的一些不重要的笔画简化或省略后，并不影响人们对汉字的辨识，但在审美上，通过简省汉字笔画，

却能够使汉字产生一种缺憾美，进而呈现出一种别样的艺术情趣。例如，图 4-3 中的“上善若水”四个字便采取了笔画简省法，虽然省略了部分笔画，但仍旧能够看出来是“上善若水”四个字。

图 4-3 笔画简省法设计的“上善若水”

2. 笔画连接法

笔画连接法就是将单个字或组合字的笔画连接起来，从而改变汉字外形结构的一种设计方法。通过笔画的连接，可以将相连的几个字组合起来，从而达到一种紧密的视觉感受。同时，通过笔画的连接，还可以组成一些图形，进一步提升汉字的视觉效果。需要注意的是，并不是所有的笔画都能够连接起来，设计师应该抓住汉字的字形特征，将能够连接的笔画连接起来，从而呈现一种连贯、流畅的视觉感受。

3. 局部影绘法

局部影绘法是一种突出汉字局部轮廓的表现手法，通常在容易辨识且含有块面的汉字上使用。该方法虽然没有改变汉字笔画的位置，但影绘的方法也使汉字的笔画发生了改变。在使用该方法对汉字进行创意设计时，需要考虑影绘面积与汉字整体的比例，避免影绘面积过大导致汉字辨识不清的情况出现。例如，图 4-4 便是采取局部影绘法设计的“回声”两个字。

图 4-4　局部影绘法设计的“回声”

### （二）汉字的形意置换法

汉字既能表意，也能表形，这是汉字的一个特点，所以设计师可以采取解构法将汉字解构为形和意，然后再借助联想法将汉字中的某个要素替换为抽象的图形或具体的事物，甚至可以替换为数字、字母，这就是汉字的形意置换法。如图 4-5 所示，便是采取形意置换法设计的一个“心”字，该汉字的两个点被置换为两个心形图形，置换后的两个心形图案又仿佛两个眼睛，寓意着用“心”去看世界。

图 4-5　形意置换法设计的“心”

形意置换法是一种集解构、联想、象征、借用等特质于一身的设计方法，在汉字创意设计中的使用非常普遍。在采用该种方法时，需要对汉字有清晰的认识，能够将汉字解构成正确的形和意，但又不必局限于汉字的形和意，可以在汉字形、意的基础上进行思维的发散，捕捉一切可以运用的信息，并进行筛选，最终得到满意的创意。形意置换法能够将汉字的特征和优势呈现出来，在视觉上也能够达到较好的效果，但需要注意的是，置换时切忌生搬硬套，否则不但不会为设计添彩，反而会使作品乏善可陈，甚至造成负面效果。

### （三）汉字的意象表现法

意象是指从字面上寓意于象，包括意义、意境和意蕴。设计师在对汉字意义及客观事物进行想象加工时，可将客观的事物融入汉字中，虽然融合后汉字的结构发生了很大的变化，但却多了几分内涵和审美情趣。

意象表现的关键在于汉字的形态和结构，以及是否能够巧妙地表达事物的特征、精神面貌和理念追求。意和象的结合打破了线性思维的认识，揭示了事物的整体性和多层次性，在指示方面显示出朦胧美、模糊美，能最大限度地激发人们的想象空间，不仅给人们带来无以言表的综合体验，还能增加设计作品的抽象感知，提升作品的艺术价值。例如，广东省博物馆的标志便是采用该方法设计的，设计师以“植根于粤、寓意于博、蕴形于馆、凝神于藏”为设计原则，以汉字为设计依托，其图形隐含“广东”之字形、“博”之字韵，点明了广东省博物馆的地域属性和行业特点，如图 4-6 所示。

图 4-6　广东省博物馆标志

### （四）汉字的组合构建法

汉字的组合构建法是汉字与汉字以及汉字与其他事物之间的关联思维法，这种方法在汉字创意设计中也非常常见。组合构建法是将多种内容结合起来的一种方法，能够提升设计的活泼感和趣味性，进而提高作品的视觉表现力。汉字的组合构建法主要有两种思路：一种是汉字与汉字组合，另一种是汉字与其他事物组合。

汉字与汉字的组合。这种组合思路主要表现为压缩组合或多量组合的形式，旨在通过“量”的叠加增加视觉效果。在采用该方法时，需要保持汉字的基本字形，同时需要考虑字与字之间的疏密关系，进而塑造出合理且具有观赏价值的作品。例如，图 4-7 便是将楷体的“树”组合到一起，再搭配一些简单的图形和颜色，一颗“大树”便跃然纸上。

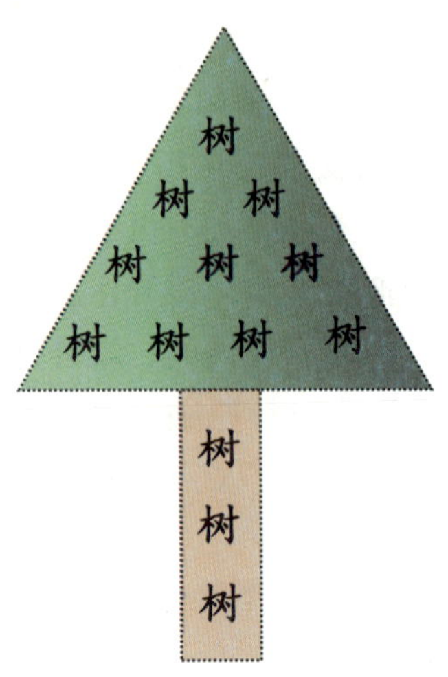


图 4-7　楷体“树”字组合而成的“树”

汉字与其他事物的组合。其他事物可以是除文字外的所有事物，如建筑、植物、乐器等。在将汉字与其他事物进行组合时，需要考虑两者的关联性，不能生拼硬凑。

**（五）汉字的装饰创意法**

汉字的装饰创意法就是对汉字进行装饰，从而提升汉字的审美趣味。对汉字进行装饰后得到的文字也可称为美术字，而装饰的方法有很多，常用的有以下几种。

1. 虚实空间处理

虚实空间处理的方法在汉字创意设计中非常常见。所谓实空间，是指字体部分；而虚空间，则是指背景部分。在对汉字进行虚实空间处理时，由于虚实空间之间是相互融合的，因此不能将其分开考虑，而是要对字（实空间）和背景（虚空间）之间的关系做充分的考虑。当然，虽然两者之间是相互融合的，但在实际的设计中，也可以对虚实空间进行泾渭分明的处理，这样可以突出实体空间的部分，从而起到吸引眼球并快速传递相关信息的作用。

2. 立体处理

我们书写或在电脑上敲打出的汉字都是平面的，但借助计算机技术，可以对平面汉字进行立体化处理，从而使汉字产生立体效果，并具有浮雕或透雕的立体感。

3. 重叠处理

重叠处理的方法在汉字的创意设计中也比较常见，重叠的可以是汉字的笔画，也可以是整个汉字。当然，重叠处理并不是简单地将两个汉字重叠到一起，也不是任意两个汉字都能够重叠在一起，而是需要对汉字的笔画、结构等进行分析，找出可以重叠的部分或重叠的方法。通常情况下，是由副笔或非干线对主笔完成，前面的笔画对后面完成，深色字对浅色字完成。此外，重叠处理后不能对汉字的识别造成影响，否则便失去了汉字的信息传递作用。

4. 肌理处理

对汉字进行肌理处理是指为汉字添加金属、水、木、冰等物质质感。很多物质都具有独特的肌理，将这种肌理运用到汉字中，可以使汉字的质感得到极大的提升。此种处理既可以针对汉字的局部，也可以针对整个汉字。由于汉字具有表意的作用，对汉字进行肌理处理时，需要考虑汉字的字意，使汉字被赋予的肌理和该汉字所表达的意思相近，这样汉字字意和其被赋予的肌理才是协调的。例如，冷饮作为夏天的必备物品，“冰”是它的一个重要特征，所以笔者对“冷饮”二字进行了冰肌理的处理，效果如图 4–8 所示。

图 4–8　“冷饮”二字冰肌理的处理效果

### （六）汉字的直接运用法

直接运用法就是将汉字直接运用到现代艺术设计中，不对其进行任何处理。当然，为了体现创意，这种方法所运用的汉字通常是具有艺术性的汉字，如前文提到的书法、印章字、古代美术字。这些字本身就具有极强的艺术性，而且具有极强的传统文化色彩，将其运用到现代艺术设计中，能够赋予现代艺术作品一定的传统气息。需要注意的是，在运用书法、印章字、古代美术字时，需要充分考虑字周围的背景，并考虑产品的性质，将三者有机协调起来，才能体现设计的创意性。

## 三、中国汉字创意设计在现代艺术创作中的具体体现

上文对汉字的艺术性及其创意设计的基本方法进行了分析和总结，为了进一步说明中国汉字创意设计在现代艺术创作中的具体体现，笔者选取了几件设计作品并针对其设计理念进行简要的说明。

作品一：茶（图 4–9）。

图 4–9 茶

设计理念：产品包装的设计理念就是要通过包装直观地了解到内部的产品，所以在图 4–9 中设计者设计了一个“茶”字，并且将其放在中心的位置。而对“茶”字的设计，设计者运用了笔画简省法，虽然将茶字的一些笔画进行了简省，但仍保留了其基本特征，所以能够辨识出是一个“茶”字。“茶”之一字的设计在整体风格上比较简约，但并不单调，将茶雅致的意趣充分体现了出来。

作品二：言瓷（图 4–10）。

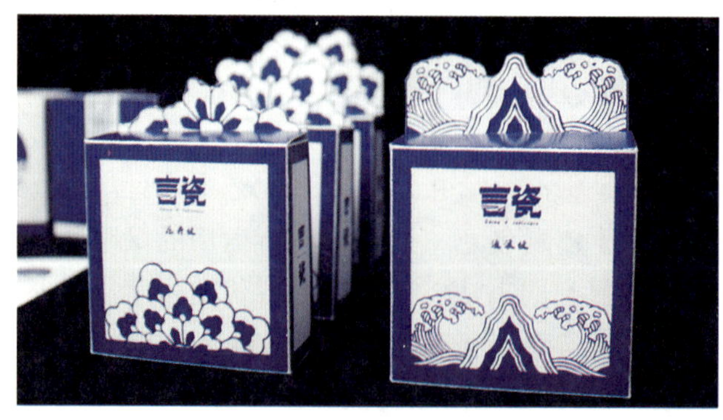


图 4–10 言瓷

设计理念：由图 4–11 可知，设计者将“言”字下面的“口”置换成了一幅餐具（筷子、碗和勺子），这幅餐具组成了“口”的形状，在“形”上接近于“口”，所以“言”字在外形结构上依然可以被辨识。与此同时，餐具本身和“口”就有着紧密的联系，所以由这副餐具组成的“口”字也有“意”上的联想。此外，这个设计还直观地传递了一个信息：包装内的产品是餐具。

图 4–11　“言瓷”二字

作品三：喜乐长安（图 4–12）。

图 4–12　喜乐长安

设计理念：图 4–12 是四个书签，每个书签上都有“喜乐长安”四个字，虽然唐朝使用最普遍的字体是楷书，但篆书更加秀美，所以设计者将“喜乐长安”四个字设计成了小篆体。虽然设计者没有对“喜乐长安”四个字做进一步的创意设计，但小篆体的“喜乐长安”+“唐朝人物形象”+“书签”，已经形成了一个创意组合，整体颇具传统文艺气息，与书签这一物品实现了完美的融合。

# 第二节　色彩创意

## 一、中国传统色彩

要对中国传统色彩进行创意设计，并将其体现在现代艺术设计之中，必然要对中国传统色彩有一个深入的认知。因此，在本节中笔者将对中国传统色彩进行深入的分析。

### （一）中国传统色彩观

中国传统色彩观与西方色彩观是两种完全不同的色彩体系，这是因为中国传统色彩观有其独特的理论体系。中国传统色彩观形成很早，所以受中国传统哲学思想的影响很大，其中“五行论”是其核心和基础，所以中国传统色彩观也被称为“五色观”。由于“五色观”是以“五行论”为基础的，所以必须了解“五行论”与“五色观”的关系。

古人在对自然万物进行探索的过程中，形成了用以解释自然万物的一种理论，这就是“五行论”。古人认为，世界是由“金、木、水、火、土”五种元素组成的，这五种元素是世间万物的本源性元素。色彩作为自然万物的一部分，自然也在这五种元素的范畴内，同时有五种色彩与五种元素相对应，而这五种色彩是一切色彩的本源。关于五色与五行的对应关系，如图 4–13 所示。由图可知（按照上北下南左西右东的方向辨别法）：金在西方，对应白色；木在东方，对应青色；水在北方，对应黑色；火在南方，对应赤色；土在中央，对应黄色。

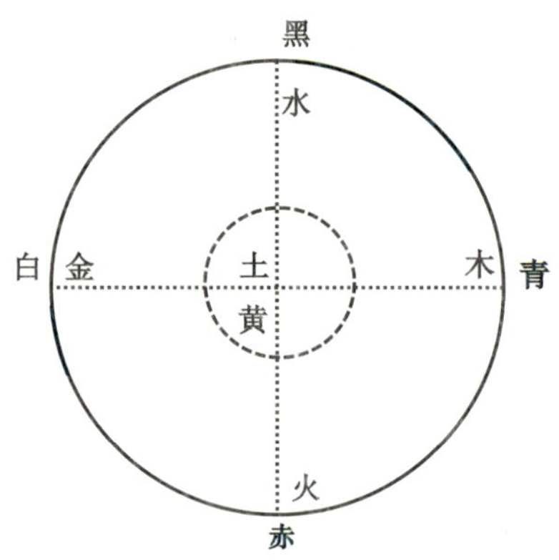


图 4–13　五行与五色的对应关系

基于“五行论”而发展起来的“五色观”反映了古人对于色彩的认知及其与自然万物相互协调的关系，暗含万物共生、阴阳调和、中庸和谐的思想主张，即便站在现代社会的视角下，“五色观”从某种程度上依旧贴合人的心理。当然，关于“五色观”背后的“五行论”，我们不必做深入的探究，因为“五行论”设计的内容非常丰富，这些内容与现代艺术设计的联系不大。因此，我们只需要从审美的角度以及思想角度着手探索即可，了解中国传统色彩观的审美趣味和民族思想，从而将其有机地融入现代艺术设计之中。

### （二）中国传统色彩的称谓与色料

1. 中国传统色彩的称谓

称谓是认识一个事物的关键，而关于颜色的称谓，古代和现代存在着一些差异。具体而言，中国传统色彩的称谓有如下特色。

（1）带有自然气息。色彩并不是实际存在的事物，它是一种抽象的概念，需要依附于具体的事物去表达。古人常常用自然中的事物以及丝织品等对颜色进行命名，这就使得中国传统色彩有了自然的气息。比如，“柳绿”这种称谓能够让人联想到柳树的嫩绿，当看到这个称谓的时候，这种颜色也便借由柳树这一植物生动地浮现在人们的脑海中。

（2）具有诗情画意。色彩作为一个抽象的概念，本来是无形、无声的，但古人在对色彩进行命名时，会借用文学中的创作手法，如比喻、象征等，这使得这些色彩的称谓具有了情绪、韵味和品格，也具有了声、色、相。此外，很多传统色彩的称谓在古代文学作品中出现的频率很高，这就使得这些颜色也带有了极强的诗情画意。例如，古人将青黑色系命名为黛色，而在黛色的基础上又有不同的色相倾向，所以古人会在“黛”字上再进行颜色的区分，如黛蓝、黛绿等。而“黛”之一字，在古诗词中非常常见，如“回眸一笑百媚生，六宫粉黛无颜色”“粉黛亦解苞，衾裯稍罗列”“东城水深色如黛，居人来过不知爱”等。因此，每每看到“黛绿”“黛蓝”等称谓时，那种如诗的情感、如画的意境便会浮现在笔者的脑海之中。

2. 中国传统色彩的色料

中国传统色彩的诗情画意之美，既与中国传统文化的诗意、感性、追求、灵性有关，也与色料的制作方法有关。关于中国传统色彩的色料，大致可分为三种类型，即植物色料、动物色料和矿物色料，其中植物色料和矿物色料的使用比较普遍。植物色料从天然植物中提炼，如植物的树枝、果实、花朵、叶子等，其优点是色泽纯净透明；矿物色料从矿物中提炼，提炼的过程比较复杂，其优点是稳定性好，不易褪色。中国传统色料应用的范围很广，其中应用最普遍的主要有绘画色料、染织色料和釉色料。

（1）绘画色料。绘画色料指在绘画中应用的色料，有石色和水色之分。石色指矿物质颜色，多为矿物色料呈现的颜色；水色指有通透感的颜色，多为植物色料呈现的颜色，常用于绘画中的色料提取。颜料主要有朱砂、朱膘、银朱、石黄、雄黄、石青（分头青、二青、三青、四青）、石绿（分头绿、二绿、三绿、四绿）、赭石、花青、藤黄、胭脂、洋红等。可用勾、填、染、罩等技法和墨色来分出浓淡明暗，随类赋彩，以表现事物的色彩变化。

（2）染织色料。染织色料指用于染织业的色料。中国古代的染织业非常发达，到唐宋时期，染料的分类已经非常细致，这说明当时的色料制备技术已经达到了一定的水平。随着纺织业的发展，对色料的需求也与日俱增，这在一定程度上促进了中国传统色料的丰富。

（3）釉色料。釉色料是指在瓷器业中使用的色料。瓷器的釉色可以分为青、黄、红、白、绿、黑、蓝等，每一色系的色彩又多有变化。以青色系为例，又细分为天青、豆青、粉青、翠青、影青、灰青等颜色。到明清时期，瓷器釉色除色彩纷呈的单色釉外，还有五彩、粉彩、珐琅彩等彩绘瓷器。

### （三）中国传统色彩的寓意象征与民间用色习俗

#### 1. 中国传统色彩的寓意象征

中国传统色彩在“五正色”的基础上，经过长时间的发展，形成了复杂的色彩系统。根据清代《雪宧绣谱》的记载，到清朝，已经出现的各类色彩已达 704 种。虽然色彩的种类很多，但都是以“正五色”为基础的，所以对中国传统色彩寓意象征的分析也以“正五色”为主。关于“正五色”的寓意象征，笔者查阅资料发现，其与中国哲学、中国文学、

绘画、民间习俗等都有着一定的联系，虽然非常复杂，但也可以对其进行归纳，具体如表 4–1 所示。

表4–1　中国传统“正五色”的寓意象征

| 五　色 | 青 | 赤 | 黄 | 白 | 黑 |
|---|---|---|---|---|---|
| 五　方 | 东 | 南 | 中央 | 西 | 北 |
| 五　时 | 春 | 夏 | 季夏 | 秋 | 冬 |
| 五　味 | 酸 | 苦 | 甘 | 辛 | 咸 |
| 五　位 | 左 | 上 | 中 | 右 | 下 |
| 五　德 | 仁 | 礼 | 信 | 义 | 智 |
| 五　情（情感色彩） | 冷静 | 热烈 | 威严 | 纯洁 | 庄重 |

2. 中国民间用色习俗

中国民间用色习俗与多种因素有关，笔者在此仅阐述其中影响比较大的几种因素。

（1）传统文化对用色习俗的影响。在中国民间，人们通常将生命的繁衍、丰收、长寿等看作福气的象征，而在对“福”的表达中，红色是最常用的一种颜色。经过数千年的发展，红色已经与吉祥、平安、祝福等紧紧地联系到一起，成为中华民族群体的精神崇拜色彩。直到今天，红色的象征意义也没有改变，逢年过节或者有喜庆的事情发生时，很多地方都有贴红春联、挂红灯笼、贴红窗花的习俗，以此来表达人们对美好生活的向往。

（2）审美观对民间用色习俗的影响。此外，中国民间也有独特的审美观，虽然不同地区由于经济、文化等方面的差异，导致他们的审美观不同，但都对当地民间用色的习俗产生了一定的影响。其实，民间审美观的形成是长期经验积累的作用，用色习俗同样如此，人们在长期的用色经验下，受审美观及其他因素的共同作用，形成了一些程式化的用色习惯。比如，红靠黄，亮晃晃；红间黄，喜煞娘；要喜气，红兼绿；要求扬，一片黄；要想精，加点青；青间紫，不如死；“草绿披粉而和，藤黄加赭而老”等顺口溜，便在一定程度上反映了民间的用色习俗。

## 二、中国传统色彩在现代艺术设计中创意体现的思路

在对中国传统色彩进行细致的分析后，下面将对中国传统色彩在现代艺术设计中创意体现的思路做进一步的探究。与汉字相比，色彩在表意性上弱了很多，所以对色彩的创意设计与文字不同。结合上文对中国传统色彩的分析，笔者认为中国传统色彩在现代艺术设计中创意体现的思路主要有两种：一种是在传承中体现创意，另一种是在创新中体现创意。

### （一）在传承中体现创意

中国传统色彩有其独特的审美，而且传统色彩在中国传统文化的很多方面都有体现，所以对中国传统色彩进行传承非常有必要。而要在传承中体现设计的创意性，则需要深入挖掘中国传统色彩的审美价值（主要包括和谐美和意境美），并将其有机地融入现代艺术设计中。

1. 中国传统色彩和谐美的创意体现

中国传统色彩的和谐美主要体现在两个方面：一是在统一中寻求和谐，二是在对比中寻求和谐。色彩的统一调和有助于营造平衡、协调的视觉氛围，这一点在中国传统色彩观中表现得非常明显。因此，在现代艺术设计中，需要对传统色彩进行统一调和的创意设计。方法主要有两个：同一调和法与类似调和法。同一调和法主要用于因色彩差别过大而引起的不协调，可以通过调节色彩三要素（色相、明度、纯度）中的一个要素来进行调和；类似调和法是在进行色彩搭配时，选择程度或性质接近的色彩进行组合以增强色调调和的一种方法。对比是将明显差异的事物放在一起进行对照比较的一种艺术表现手法，在现代艺术设计中的使用也非常广泛。虽然对比的两个事物存在明显的差异，但在对比之中也能够达到某种和谐。

例如，图 4-14 这一设计作品的题材取材于汉画像石，在色彩的运用上借鉴了中国传统色彩观中的“五色观”，选用了“正五色”中的四种色彩——红、青、黄、白，而为了使中国传统色彩的和谐美体现出来，设计者依据上述两种方法对色彩进行了创意设计。由图可知，图的背景色为白色，马匹统一采用红色，且每一行马匹的方向都是相同的，看起来

非常统一。马匹之间的图案则采用对比色相结合的方式，红、青、黄相间，但并没有丝毫的不协调感。总之，整个画面在色彩的搭配上非常协调，传统色彩的和谐美跃然纸上。图 4-15 则是依据该设计图设计的文创产品，产品给人一种雅致、清新的感觉。

图 4-14　中国传统色彩和谐美的创意体现

图 4-15　中国传统色彩和谐美创意设计理念下的文创产品

2. 中国传统色彩意境美的创意体现

关于意境，笔者在上文曾多次提及，这是中国传统文化中出现频率非常高的一个词语，因为无论是在文学创作中，还是在艺术创作中，古人都非常重视意境的营造。而色彩作为艺术创作中的一个要素，借助色彩营造意境是一个必由之路。其实，从古人对色彩的命名上便可以感受传统色彩的意境之美。比如，天青色是一种由汝窑的“天青釉”色而得名的一种颜色，这种颜色呈现的青并不是常见的青色，而是一种大雨过后，在云彩裂开的缝隙里出现天青色。仅仅听到“天青色”这个颜色的名字，脑海中便会浮现出一幅“雨后朦胧天青色”的画面，其意境之美可见一斑。此外，古人还非常重视色彩的搭配，旨在通过不同颜色的搭配营造出相应的意境。而在现代艺术设计中，对传统色彩的创意设计就是要能够充分发挥传统色彩的意境美，并借助传统色彩营造出相应的意境，进而提升产品的审美价值。

### （二）在创新中体现创意

中国传统色彩有其独特的审美价值，必然需要对其进行继承，但同样需要结合时代发展的需求对其进行创新，从而在创新中实现进一步的发展。其实，对传统色彩进行创新本身就是一种创意设计，但还需要结合具体的事物将其完美地呈现出来。需要注意的是，在对传统色彩进行创新设计时，不能为了体现创意而改变传统色彩的底色，这是传统色彩的灵魂，如果失去了灵魂，那自然也不再具备传统色彩的底蕴。

例如，图 4–16 中的色彩取材于半波彩陶，彩陶的胎体为褐色，纹样为黑色，设计者将这两种颜色提取出来，同时对其褐色的明度和纯度进行了一定的处理，得到了图 4–16 所示的褐色。为了提高该色彩的辨识度（看到这两种色彩便能够和半坡彩陶联系起来），设计者在运用褐色和黑色时，在一定程度上保留了半坡彩陶的纹样，形成了图 4–16 所示的图案。该图案借鉴的是半坡彩陶中的三角纹样，但在色彩的组合上却融入了抽象思维，即没有将黑、褐、白三种颜色构成的三角图案按照半坡彩陶中图案的排列方式进行排列，而是以一种无序的方式进行排列。当然，该图案在无序中也存在着有序，所以整个图案在给人一种凌乱美的同时，也给人一种色彩上的协调美。

图 4–16　中国传统色彩的创意设计

图 4–16 中的图案体现了设计者基于半坡彩陶的色彩进行的创意设计，但如何将该创意运用到具体的产品中，以进一步体现中国传统色彩的创意设计，是设计者下一步需要思考的问题。在这一步，设计者结合诸多物品进行了思考，在有些物品上，图 4–16 的创意设计可以有机地融合，但有些物品则需要结合物品的性质进行一定的调整。例如，图 4–17 是一个书签，设计者以浅褐色为底色，将图 4–16 的设计融入其中，得到了一个颇具半坡彩陶气息的书签。再如，图 4–18 是一个挎包，该挎包为白色，如果将图 4–16 的创意融入挎包的设计中，其颜色有几分不协调。因此，设计者在图 4–16 这一创意的基础上，对色彩进行了调整，将其中的褐色替换为黑色，图案便变成了图 4–18 所示的样式，而黑色和白色作为一种对比色，协调地融合在了包装上。

图 4–17　基于传统色彩创意设计的书签

图 4-18 基于传统色彩创意设计的挎包

# 第三节 图形创意

## 一、中国传统图形

### （一）中国传统图形的种类

中国传统图形的种类非常丰富且样式广泛，不同的图形反映了各族人民不同的生活习俗。如果对中国传统图形进行概括，大致可从空间造型、构成形式、表达形式等方面对其进行分类，具体内容如表 4–2 所示。

表4-2 中国传统图形的分类

| 分类依据 | 类 别 | 详细内容 |
| --- | --- | --- |
| 空间造型 | 平面图形 | 平面图形是指平面上的图形符号，如刺绣、绘画等 |
| | 立面图形 | 立面图形是指立体面上的图像符号，如石雕、木雕等造型 |
| 构成形式 | 单独图形 | 单独图形是指只有一种图形符号且该图形符号单独存在的一类图形，如如意云头。该类图形的特点是风格独特，个性鲜明 |
| | 连续图形 | 连续图形是指只有一类图形符号存在，且该类图形符号连续出现的一种图形，如常见的云纹、鱼纹等。该类图形的特点是表现力强，通过连续的图形呈现加强视觉效果 |
| | 综合图形 | 综合图形是指具有多种图形符号的一种图形符号，如年画、屏风上的图形。这类图形的特点是表现形式多样，叙事性强 |

续　表

| 分类依据 | 类　别 | 详细内容 |
| --- | --- | --- |
| 表达形式 | 具象图形 | 具象图形是指具有写实风格的一种图形符号，通常借助具体的形象造型进行图像的构建。该类图形的特点是写实性强，易于理解 |
| | 几何抽象图形 | 几何抽象图形是指运用抽象几何图形构建的一种图形符号。该类图形的特点是风格简约，形有限而意无穷 |
| | 意象图形 | 意象图形是指结合了具象图形和几何抽象图形的一种图形符号。该类图形是综合创作思维的一种表现，图像表现上也比较抽象，重在意象或意境的表达 |

### （二）中国传统图形形式美的法则

图形是一种借助外在形式进行表达的符号，所以形式美是图形的一个要素。中国传统图形在长时间的发展过程中，在形式美方面已经形成了一套成熟的法则，具体表现在四个方面，即对称与均衡、条理与反复、对比与调和、节奏与韵律。

1.对称与均衡

对称表现在图形上是指在形状、色彩、面积、位置等方面具有绝对的平衡。在自然界，对称的现象非常常见，如昆虫的翅膀、植物的枝叶等。对称具有一种天然的美感，而且对称的画面能够给人一种平稳、安定的感觉，所以中国人对对称具有一种天然的情感，并表现在生活的诸多方面，如建筑、石刻、织物等。均衡虽然与对称不同，但在视觉心理的表现上却十分相近，都是通过一种协调的形式美感呈现出一种平稳、安定的视觉感受。在中国传统图形中，均衡的图形也非常常见，虽然图形的外在表现并不对称，但同样为人们带去了均衡的装饰美感。

2.条理与反复

条理是指对图形的特征形态等进行整理和概括，使之成为变化有序的统一体。[①] 条理可以使图形产生秩序美，因为经过有规律的组织安排后，图形在整体布局上变得错落有致，能够给人一种整体美的感觉。反复是指相同或相似的图形符号反复出现，形成较强的节奏感，并产生一种秩序美。在传统纹样中，反复出现的频率很高，如半坡遗址中出现的

① 李娜．中国传统纹样与现代装饰艺术设计[M].天津：百花文艺出版社，2011：182.

彩陶，上面的三角纹样、鱼形纹样等便是以反复的方式排列的。

3. 对比与调和

对比在传统图形中也非常常见，通过对比的方式，可以使对比双方的特点都被凸显出来，并促进整体图形的协调。中国传统图形中的对比主要通过三个方面实现，即色彩、构图、形象。在色彩方面，主要有色相对比、冷暖对比、纯度对比等；在构图方面，主要有横纵对比、虚实对比、方向对比、聚散对比等；在形象方面，主要有大小对比、轻重对比、疏密对比、曲直对比等。在采用对比的方式时，有时会出现对比过于强烈的情况，从而影响图形的整体效果，此时便需要进行调和，以使对比的诸多元素统一协调。

4. 节奏与韵律

节奏一般指声音的规律性、周期性变化，但也可以用来表现审美对象中各元素有规律的错落变化。在中国传统图形中，节奏感的表现通常有两种方式，即重复和渐变。重复与反复相似，是指相同的元素多次出现，具有加强视觉效果的作用；渐变则是指图形中的元素逐渐变化，如色彩的渐变、大小的渐变等。相较于反复而言，渐变对于节奏性美感的表现作用更强。韵律与节奏相似，都表现为图形各元素间有规律的变化，但又同时充满节奏变化的艺术效果。节奏与韵律往往是同时存在于传统图形中的，节奏中通常蕴含着韵律，韵律中一般也蕴含着节奏，两者密不可分、相辅相成，使传统图形同时具备了秩序美和运动美。

## 二、中国传统图形创意设计的基本方法

要将中国传统图形有创意地体现在现代艺术设计中，则需要对传统图形进行一定的创意设计。图形创意设计的方法很多，适合传统图形的主要有如下几种。

### （一）同构成形

同构是指将不同但有一定联系的元素组合到一起，从而创造出一个完整的且具有深刻内涵的新形态的一种构形方法。借助这种方法也可以创造出有创意的图形。同构成形的表现手法主要有两种，即异形同构和异质同构。

1. 异形同构

异形同构是指从物象形态的相似性去寻找不同物象之间的联系点，从而发现同构的可能性。在图形创意设计中，异形同构是常用的一种表现手法，因为从物性图形之间寻找关联性相对比较简单，只要设计师善于联想，并大胆联想，便可以发现不同物象间形态的相似性。比如，三叶草像风扇、卷曲的头发像方便面……需要注意的是，在进行异形同构时不能为了创意而生硬地进行联想，而是要基于一定的形态联系，这样设计出的图形才会自然、巧妙。

2. 异质同构

异质同构是指从具有不同性质的物象之间寻找联系点，从而发现同构的可能性。在日常生活中，很多物象之间都具有不同的性质，且具有属于该物象独特的质感，异质同构就是要打破常规的认识，将具有不同性质、不同质感的物象有机地组合，从而创造出一种新颖的图形。异质同构也是图形创意设计中常用的一种方法，因为该方法突破了形态的限制，所以通过该方法构造出的图形往往能够呈现出更加新奇和奇特的视觉效果。

无论是异形同构还是异质同构，其核心都是“同构”，即创造出新的形态。在日常生活中，虽然很多事物从表面上看没有联系，但如果能够运用创造性思维，从物象之间的相关性或相似性中寻找联系，就能够在不同的物象之间找到关联点，并实现同构的可能。

### （二）共用共生

共用共生也是图形创意设计中一种常用的方法，采用该方法生成的图形被称为共生图形。所谓共生图形，就是两个或多个图形通过某部分形态的共用所形成的图形。在中国传统图形中，共生图形并不少见，如明代的《六子争头》图便是采取共用共生的思路绘制的。针对中国传统图形的创意设计同样可以采取该方法。具体而言，共用共生的表现手法主要有两种，即轮廓共生和正负共生。

1. 轮廓共生

轮廓共生，顾名思义就是将图形的轮廓线作为共用的部分。在轮廓共生图形中，共用的轮廓是图形的关键，整个图形的创意性都是通过共用的轮廓表现的，所以设计师需要对共用的轮廓进行细致的思考。关于共用的轮廓，需要注意的是轮廓的设计需要简洁，因为复杂的轮廓容易导致两个或多个图形间的界限不清，进而影响图形的整体效果。

2. 正负共生

在一幅画面中，我们通常将完整的、有意义的形象称为“图”，即正形；而形象周围的空间称为“底”，即负形。正负共生是指利用视觉的不确定性，打破传统的“图的关系”，使“图”与“底”的关系趣味化，甚至矛盾化，从而形成一种相互借用、相互抗衡的视觉效果。例如，中国传统图形中的太极图便是一个正负共生的例子，图形中的“S”形曲线将圆形划分成了黑白两个部分，每个部分中又都存在一个相对颜色的点，该图将传统哲学中相生相克、阴阳轮转的哲理表现得淋漓尽致。

### （三）空间想象

在二维平面上，设计师借助其想象力可以呈现出三维的空间关系，同时借助想象力可以将不同空间位置呈现的图形进行组合，从而呈现出有趣的视觉现象。因此，在图形设计组合时，设计师常常会融入空间想象的概念，从三维空间的角度去设计平面图形，从而得到一张具有创意的图形。具体而言，空间想象的表现手法主要有三种，即矛盾图形、渐变图形、悖理图形。

1. 矛盾图形

矛盾图形是利用矛盾空间和视觉错视原理设计制作的一种趣味的图形形象。在二维平面上，借助视觉的转换可以呈现出三维空间中不存在的图形形式，这种图形具有极强的矛盾性，从不同的视觉角度去看，图形某个部分所呈现的空间状态是合理的，但从整体上看，整个空间关系又是现实三维空间中不可能存在的，所以在视觉上产生了一种极强的荒诞感。

2. 渐变图形

渐变图形又称为延异图形，是将图形中一种形象进行延展和转换，逐渐演变成另一种形象的图形构形手法。渐变图形有其独特的审美法则，其变化过程不是随意的，而是非常严谨的。就起始图形和最终图形来看，两者之间也许没有直接的关系，但通过中间形态的过度，却能够使两者完成符合逻辑的转换。图形渐变的方式很多，常用的有方向渐变、位置渐变、大小渐变、色彩渐变、形状渐变等。无论哪种方式，都需要注重

转换过程的逻辑性以及转换过程的过程美。

3. 悖理图形

悖理是荒谬、不合情理的意思，而悖理图形就是将现实世界中合理的物象融入不合理的图形之中，从而突出原有物象的局限而产生新的逻辑意义，进而诱发观看者想象和思路的创意图形。悖理图形虽然取材于现实世界中的客观事物，但并不追求客观上的真实性，而是借助反客观现实的表现手法将现实与虚幻相结合，从而呈现出一种荒诞感，并给观看者带去一种全新的心理联想和视觉感受。

### （四）积聚变形

积聚变形是指某个物体的某个部分增多形成一个新的图形，或者借助诸多物体组合成一个新的图形的一种构图方式。积聚变形的表现手法主要有两种，即增值图形和聚集图形。

1. 增值图形

增值图形是指将某个物品的某个部分增多或使整体重复增加而形成新的图形的一种构图方法。在构图时，无论是局部的增加，还是整体的重复，都需要注意增加（重复）部分与原有造型之间的联系性，这样才能使画面具有更强的重复美感，并在静态的画面中营造出动态韵律，进而给观看者带去一种超现实的视觉美感。

2. 聚集图形

聚集图形是指将单一元素或者相似的元素通过反复积聚的方式进行整合，从而构成一种新图形的构图方式。在构图时，需要把握构成元素与整体的关系，构成元素需要服从于整体。与此同时，构成元素与整体之间也需要存在某种关联，这样才能更好地传达图像的含义。

### （五）解构重组

解构的概念来自解构主义。解构主义认为，结构没有先天、一成不变的中心，它不是固定的，而是由认识的差别所构成的。由于差别的变化，结构也发生变化。[①] 由解构主义可知，任何图形都可以进行解构，即

① 安佳，赵云川．色彩归纳写生[M]．北京：人民美术出版社，2014：61.

将原来的图形分解，然后依照一定的审美形式将其重组，最终得到新的图形。解构重组后的图形并不需要保留原有完整的特征，但需要保留局部的特征，以便使观看者能够从中看到原有图形的影子。由此可见，解构重组更多是表现在“形”的变化上，并通过“形”的变化使新的图形产生新的内涵。解构重组图形表现了设计师非凡的想象力，但设计师不能随心所欲地对图形进行解构，而是要以解构主义为基础，并遵循一定的审美法则，这样解构重组后的图形才能在凌乱的表象下，呈现出内在强烈的空间结构感和高度的理性化特征。

### （六）影子效应

影子并不是一个陌生的事物，在光的照射下，很多事物都可以形成影子，而且影子和事物本身的外形也比较相似（光的角度不同，影子的外形也会发生变化）。影子效应利用的便是光影之间的这种逻辑关系，为了产生具有创意性的设计，需要打破传统的光影关系，使事物和其影子之间产生一种新的联系。通常情况下，利用影子效应创作的图形，其影子和事物之间在“形”上已经不再相似，这便形成了一种强烈的矛盾关系，但正是这种矛盾关系的存在使得图形具有了创意，同时也产生了新的内涵。

关于影子和事物之间的关系，可以有如下几种表现形式：①当事物表现为当下的时间时，影子可以用于表现过去或未来；②当事物表现真实存在的事物时，影子可以用于表现幻想的事物；③当事物表现幻想中的事物时，影子可以用于表现现实，或反映事物的本质。无论采取怎样的表现形式，都需要设计师充分发挥其想象力，将不同时间、空间、类型的事物联系到一起，从而产生形影变异的视觉效果。

### （七）夸张变形

夸张是根据创作的需要，将现实世界中一些真实事物的某些特征进行夸张处理（如夸大、缩小、扭曲等），以到达增强视觉效果的一种构图方法。对事物进行夸张处理后必然会导致事物变形，变形后的事物往往以一种反常规的状态呈现在人们面前，从而带来一种新鲜的视觉效果。夸张的表现手法可以强调事物的某个特征，强调的部分不同，所起到的

效果以及传达的意思也会存在差异。因此，在采取该方法时，需要充分考虑创作的需求，精心选择和设计夸张的部分，这样才能取得良好的视觉效果。

## 三、中国传统图形创意设计在现代艺术创作中的具体体现

笔者在上文对中国传统图形创意设计的方法进行了论述，在这些方法的指导下，能够使中国传统图形更具创意地体现在现代艺术设计中。下面笔者便简要列举一些设计案例，并简要阐述其设计理念，以进一步说明中国传统图形创意设计在现代艺术创作中的具体体现。

作品一：发髻状 U 形枕（图 4–19）。

图 4–19 发髻状 U 形枕

设计理念：发髻状 U 形枕采用的是异形同构的创意设计方法。唐朝时期女性的发髻有多种样式，但无论什么样式，从人的正脸看过去，发髻的整体形态呈 U 形，这与 U 形枕的形态相似。因此，设计者将 U 形枕和唐朝发髻的样式进行同构，同时保留发髻的部分特点，得到了如图 4–22 所示的创意图形。

作品二：半坡集萃（图 4–20）。

图 4–20 半坡集萃

设计理念：图 4–20 所示的图形之所以取名为半坡集萃，是因为设计者在该图形的创意设计中采用了解构重组法，将半坡文化中的诸多元素先进行了解构，然后再进行重组，最终得到了图 4–20 所示的创意图形。在图 4–20 所示的图形中，融入了半坡彩陶中的各种纹样，包括鱼纹、人形纹、鸟纹、三角纹、网纹、折线纹等，这些先解构再重组的纹样集萃到一起，得到了图 4–20 所示的图形。

作品三：冷暖相抱（图 4–21）。

图 4–21　冷暖相抱

设计理念：图 4–21 的图形采用了积聚成形的创意设计方法。设计者从传统图形中选取了蝴蝶、祥云等纹样，然后进行了重复处理，得到了图 4–21 所示的图形。与此同时，设计者融入了正负相生的创意设计理念，在颜色的设计上采用冷暖两种色调相间的方式，使该图形也具有了一定的哲学色彩。以四分之一圆为单位，每四分之一圆之间的图形在颜色上都是冷暖相对的，同时从圆的最外层到最内层，也都是冷暖颜色交替出现的，因此设计者将此图形取名为冷暖相抱。

# 第五章　中国传统文化元素与现代艺术设计融合的策略

## 第一节　中国传统文化元素与现代艺术设计融合的原则

原则是策略实施的基础，任何策略的制定和实施都需要遵守一定的原则，因此对中国传统文化元素与现代艺术设计融合的原则进行分析非常有必要。依据中国传统文化元素以及现代艺术设计的特征与内涵来看，笔者认为将中国传统文化元素与现代艺术设计融合的原则可以从功能、文化和形式三个方面做出思考（图 5-1）。

图 5-1　融合的原则

## 一、功能性原则

功能性原则主要是针对现代艺术设计而言的。在本书第二章第一节中，笔者曾指出现代艺术设计的要素，其中一个要素就是功能要素，这是现代艺术设计不可或缺的。现代艺术设计的功能要素主要包括三个方面，即实用功能、认知功能和审美功能。三个功能发挥着不同的作用，针对不同的设计物，也有不同的侧重，但无论侧重哪个功能，在将传统文化元素融入现代艺术设计的过程中，都需要对设计物的功能做出充分的考虑。下面便分别对三种功能的侧重进行简要的阐述。

### （一）实用功能的侧重

现代艺术设计的实用功能是指设计物能够满足人的某种物质需求的功能。比如，水杯的实用功能是方便人们饮水，碗筷的实用功能是方便人们吃饭。因此，在对一些实用性较强的物品进行艺术设计时，设计师需要考虑的是其实用功能，不能为了将传统文化元素融入其中而影响了物品的使用，这样无疑是舍本逐末。例如，图 5–2 是笔者借鉴唐朝女子发髻样式设计的 U 形枕，该设计将唐朝女子的发髻样式与 U 形枕有机地融合，具有非常强的创意性，但考虑到 U 形枕是针对乘车休息设计的，使用时需要套在脖子上，能够起到减压助眠的作用，所以 U 形枕的设计应该以舒适为首要条件。在图 5–2 所设计的三个 U 形枕中，第二个样式的 U 形枕无疑是最舒适的；第一个通过侧后方的设计凸显其发髻的样式，由于其位置在侧后方，所以对 U 形枕舒适度的影响较小；第三个 U 形枕是通过后方的设计凸显其发髻的样式，这种样式的设计忽视了 U 形枕的实用功能，因为凸起的部分会影响脖子的舒适感。综上所述，图 5–2 所示的三个 U 形枕中，第一个和第二个是合格的，充分考虑了 U 形枕的实用功能，第三个则需要结合 U 形枕的实用功能做进一步的改进。

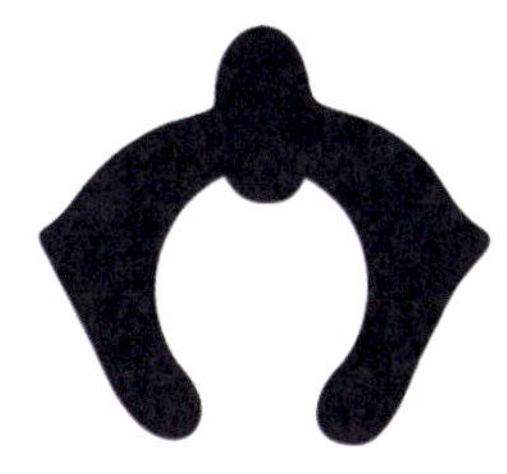

堕马髻　　垂练髻　　倭堕髻

图 5-2　发髻样式 U 形枕

### （二）认知功能的侧重

在侧重认知功能的现代艺术设计中，传统文化元素的融入不能影响其认知功能。例如，第十四届全国运动会的宣传海报，运动会的举办时间为 2021 年，举办地点为陕西西安，这是两个非常重要的元素，起到了指示的作用，所以海报的设计不能忽视这两个要素。海报在图像符号上选取了三个非常重要的元素——钟鼓楼、大雁塔和运动员，这三个要素揭示了“运动”这一主题以及西安的两个历史建筑。此外，海报上还有“第十四届全国运动会”的字眼、西安的拼音——“XI’AN”以及数字“2021”，这三个元素揭示了海报宣传的内容以及相应的时间和地点，起到了指示的作用。整张海报的设计非常简洁，所包含的元素也不多，但却清晰地将其所要传达的信息呈现了出来，可谓既得体又巧妙。

### （三）审美功能的侧重

中国传统文化具有极强的审美内涵和精神意蕴，将其融入现代艺术设计中，对于提升现代艺术设计的审美功能具有积极的促进作用，但审美具有一定的主观性，审美观念的不同会导致对设计物的评价也不同，所以针对审美功能的侧重，需要考虑社会大众审美的差异性。这种差异性的存在是客观的，设计师很难使一件设计物同时满足所有人的审美需求，但就现代艺术设计而言，也会有一定的审美法则，设计师要在尊重社会大众审美差异的基础上，以现代艺术设计的审美法则为指导，实现现代艺术设计的多样性，从而在提升设计物创造性、深刻性、丰富性的同时，适应现代人多方面的审美需求。

## 二、文化性原则

此处的文化性原则主要是针对传统文化而言的，具体体现在两个方面：一方面是指传统文化的融入要有助于传统文化的传承和弘扬，另一方面是指传统文化的融入要有助于展现地域文化特色。

### （一）有助于传统文化的传承和弘扬

在本书第三章第二节，笔者已经对传统文化传承和弘扬的重要性进行了论述，体现了现代艺术设计与中国传统文化融合的必要性，同时也是两者融合文化性原则的一个体现。由于相关内容笔者在第三章第二节已有所论述，在此便不再赘述。

### （二）有助于地域文化特色的展现

中国幅员辽阔，地形复杂多样，有广阔的平原、雄伟的高原、起伏的山岭、低缓的丘陵，还有四周群山环抱、中间低平的盆地……在不同的地域，受客观自然条件以及人文因素的影响，形成了独特的地域文化，这些地域文化共同构成了丰富多彩的中国传统文化。不同地域的传统文化具有不同的特色，这些特色是它们区别于其他地域文化的一个重要标志，在现代艺术设计中凸显地域文化特色，不仅有助于凸显现代艺术设计的特色性，还有助于当地文化的传承和弘扬。因此，就设计师而言，应关注当地的地域文化，将具有地域特色的传统文化与现代艺术设计相融合，并通过巧妙的设计将其特色放大、凸显。

例如，陕西民间美术历史久远，其独有的设计风格在悠久的历史中独具魅力。因此，在现代艺术设计中，可以将陕西民间美术的元素提取出来，然后再融入现代艺术设计中。例如，图 5-3 所示的人物形象就取材于陕西年画，这些人物形象多寓意吉祥如意，设计者对人物形象进行了删繁就简、组合提炼等的处理，使其人物形象更加符合现代人的审美。

图 5-3　融入了陕西民间美术元素的图案

## 三、形式性原则

形式性原则是以融合后的设计物的形式为落脚点而提出的一个原则。将中国传统文化融入现代设计中不能忽视其最终的外在表现形式，所以设计师还需要尊重形式性的原则。在综合分析现代艺术设计需求的基础上，笔者认为融合的形式性原则主要体现在两个方面：一方面是凸显风格的多样性，另一方面是在形式上进行创新。

### （一）凸显风格的多样性

在现代艺术设计的外在表现形式上，可以有多种表现风格，而依据传统文化的特征和精神内涵来看，传统文化与现代艺术设计融合后的风格表现有多种形式，下面便对其中主要的几种做简要介绍。

1. 表形型

所谓表形型，简单来说就是借用中国传统文化元素的外形，不对其赋予任何内在意义，只是单纯地借助传统文化元素的形式提升设计物的审美性和文化性。对传统文化元素外形的借用可以是直接借用，即不经过任何的处理，将其部分或整个元素直接嫁接到现代艺术设计中，也可对其进行一定的处理，如简化处理、趣味化处理等。例如，设计者从敦煌文化中提取了部分元素，并针对这些元素进行了简化处理，得到了如图 5-4 所示的图像。

图 5-4 敦煌文化元素简化处理后的图像设计

2. 符号型

符号对我们来说并不陌生，它是一种象征物，能够指代其他事物；同时它也是一种载体，承载着交流双方发出的信息。① 在长时间的发展过程中，中国传统文化中的一些元素已经逐渐符号化，它们的出现通常有了某种特定的含义。中国传统文化元素的符号化有多种形式，如谐音、比喻等。比如，蝙蝠代表着福气，葫芦代表着福禄，鱼代表着有余，这些都是在谐音的基础上发展而来的。符号型的艺术风格就是将这些符号化了的中国传统文化元素融入现代艺术设计中，这不仅能够丰富现代艺术设计的形式，还能够借助符号化了的中国传统文化元素赋予现代艺术设计一些符号意义。

3. 文学型

文学型主要是以中国传统文化中的古代文学为设计元素，通过古代文学内容的融入增加现代艺术设计的文学性。关于中国古代文学的内容，笔者在本书第一章中已经做了介绍，《诗经》、《楚辞》、汉赋、唐诗、宋词、元曲……这些古代文学都可以结合现代艺术设计的需求选择适宜的文学内容。

**（二）在形式上进行创新**

在将中国传统文化元素融入现代艺术设计中时，可以从现代艺术设计的角度出发，对两者的融合进行形式上的创新，从而使传统文化元素

① 田欣 . 现代纤维艺术 [M]. 长春：吉林美术出版社，2018：105.

在现代艺术设计中焕发新的活力。关于如何在形式上进行创新，笔者在本书第四章对中国传统文化元素在现代艺术设计中的创意体现进行了论述，在相关内容中笔者从汉字、色彩和图形三个方面对中国传统文化元素创意设计的方法进行了阐述，这些创意设计方法其实就是创新设计的方法，通过这些方法可以实现形式上的创新。由于相关内容笔者在第四章已经进行了详细的论述，在此便不再赘述。

## 第二节　中国传统文化元素与现代艺术设计融合的具体策略

### 一、以传统美学思想为指导

中国传统文化元素形成于中国古代社会，在将其与现代艺术设计融合时，需要结合时代发展的特征，这一点是毋庸置疑的。但是，中国传统文化元素形成于中国古代社会，其自身也存在一些难以改变的历史特质，因此在分析和运用中国传统文化元素时，还需要以中国传统思想为指导，这样才能对传统文化有更深的了解，也才能将其更好地运用到现代艺术设计中。在中国传统思想中，传统美学思想与艺术设计的理念更加接近，所以笔者认为可以以中国传统美学思想作为指导。具体而言，可以用于指导的美学思想主要有“言有尽而意无穷”的美学思想、“似与不似之间”的美学思想、“天人合一”的美学思想和“灿烂之极归于平淡”的美学思想。

#### （一）“言有尽而意无穷”美学思想的指导

关于作诗，宋朝司马光曾说过：“古人为诗贵于意在言外，使人思而得之。”此处的“为诗贵于意在言外”便体现了“言有尽而意无穷”的传统美学思想。从辩证主义的角度去看，“言有尽而意无穷”也可以理解为有限和无限：一方面，无限中包含着有限，无限是由有限构成的；另一方面，有限同时也包含着无限，即任何有限都包含着它的否定因素，当有限的界限被打破后也便趋向于无限。由此可见，有限和无限虽然是两个概念，但两者有着紧密的联系，是可以相互转化、相互包容的。用有限和无限的辩证关系去解释传统美学思想中的“言有尽而意无穷”，就是用有限的形式或内容去表达无限的意境与精神。

在中国传统文学和艺术创作中，“言有尽而意无穷”的美学思想非常常见，很多创作者都会将更深层次的美——意境的表现——含蓄地融入作品的创作中，从而使作品显示出悠远的意境和更深的内涵。例如，我国著名画家齐白石常以自己独具匠心的笔墨，以生活中极为有限的，也是极为平常的事物为素材，创作出一幅幅形象生动、内容丰富的画面，如恬静的竹林小院，点缀上两只斗鸡，池塘边农家的篱笆中群鸭戏水，还有那莲藕螃蟹，白菜蝈蝈，争食的小鸭，等等。尽管这些内容都取材于有限的生活现象，并且集于区区一尺之纸，然而却可以使人们从有限之中感知到田园般的诗情画意，陶醉于亲切开朗、清新喜悦的无限美好的享受之中，并产生对未来美好生活的肯定、向往与追求。

“言有尽而意无穷”的美学思想在很多中国传统文化元素中都存在，这是中国传统文化元素的一个优势，在将这些元素融入现代艺术设计中时，要注重体现中国传统文化元素“言有尽而意无穷”的意境。与此同时，以“言有尽而意无穷”的美学思想为指导，在运用传统文化元素时，结合整体的设计需求，进一步凸显“言有尽而意无穷”的意境，从而使整个设计作品富含艺术性、哲理性和文化底蕴，达到“言有尽而意无穷”的境界。不可否认，现代人的生活节奏在不断加快，人们能够驻足细心欣赏某个事物的时间越来越少，但现代艺术设计作为一种艺术表现形式，不能仅停留于外在的视觉形象上，还需要使设计作品具有一定的文化内涵，并通过“隐”的方式更好地去“显”出更丰富、更感人的充满内蕴的世界，进而唤起人们的想象，唤醒人们的审美。

### （二）“似与不似之间”美学思想的指导

在中国传统艺术的创作中，相较于对物象进行事无巨细的全盘描绘而言，创作者更多时候追求的是形神兼备，强调气韵与传神，这一点在中国传统绘画中体现得尤为明显。齐白石曾说过：“作画妙在似与不似之间，太似为媚俗，不似为欺世。”[①] 这种“似与不似之间”的美学思想是

① 曾翔悦．意象油画中适合表达“妙在似与不似之间”思想的技法[J]．参花（上），2018（1）：126.

一种富含哲理的艺术论断，它揭示了中国传统艺术和传统审美的精义。其实，美是客观存在的，但审美却是主观的，而“似与不似之间”的美学思想为审美的主观性留下了想象的空间，欣赏者可以结合自己的审美经验在“似与不似之间”进行探索，从而得到属于自己的审美感受。

在现代艺术设计中，对传统文化的运用也可以体现“似与不似之间”的美学思想，用“似”去追求“形”上的美，用“不似”去追求内在的气韵美，从而使设计作品兼具“形”与“韵”。以 2008 年北京奥运会的会徽为例，它利用了具有中国传统文化特征的“印章”的形象，印中的文字仿佛是书法的“京”字，似“京”非“京”，又似一个运动着的“人”，具有多重含义，潇洒飘逸，充满张力，寓意舞动的北京；同时也象征着开放的、充满活力的、具有美好前景的中国形象；体现了对深邃的中国传统文化以及民族审美理想和审美情趣的理解和把握，也正吻合了“似与不似之间”的传统审美观。

### （三）“天人合一”美学思想的指导

庄子在《齐物论》中有言：“天地与我并生，而万物与我为一。”该言论强调的是个人与天地的和谐，即“天人合一”的境界。中国人自古就对天地自然充满了敬畏，很多思想也都是源自自然，而由此形成的思想，其境界自然不局限于个人，而是要放眼到天地自然中，并顺着自然的规律而动。“天人合一”的思想便是源自对自然的感悟，它既是一种哲学思想，也是一种美学思想，是中国人独特的一种审美观。“天人合一”的美学思想可以概括为“天和”两个字，指人与自然的和谐相处，这在中国传统艺术设计中体现得非常明显。比如，中国传统园林的设计通常将建筑、植物、山水等融为一体，在有限的空间内模拟大自然中的美景，从而创造出与自然环境协调共生的艺术综合体。

现代社会强调绿色生态的可持续发展理念，这一理念也被运用到现代艺术设计中，而“天人合一”的审美思想与绿色生态的理念有相似之处，所以可以将“天人合一”的审美思想融入现代艺术设计中，并用以指导传统文化元素的运用。其实，关于“天人合一”的审美思想，笔者认为除“天和”外，还可以引申出“人和”和“心和”。“人和”指人与人之间的和谐共生，心和指人心灵的和谐。传统文化元素在现代艺术设计中的运用不仅要站在人与自然的视角下，还应该站在人与人关系以及人自身的视角下，所以需要对“天人合一”的审美思想进行延伸，并用于指导现代艺术设计与传统文化元素的融合。例如，在靳埭强设计的系列海报——《自在》中，有多个传统文化元素，如山石、睡莲、草鞋等，这些元素通过传统绘画的方式呈现出来，传达了一种人与自然和谐相处以及心与心和谐的艺术境界。

### （四）“灿烂之极归于平淡”美学思想的指导

“灿烂之极归于平淡”的美学思想是由老子“万物归一”的思想发展而来的。老子在《道德经》中有言：“道生一，一生二，二生三，三生万物。”此处的“一”并非一个简简单单的汉字，而是生成世间万物最基本的元素，有了这个最基本的元素，才有了世界万物各种各样的形态。反过来看，对世间万物的本质进行抽丝剥茧之后，便都可以重新归“一”。“万物归一”的哲学思想运用到艺术领域中便形成了“灿烂之极归于平淡”的美学思想。也正是受这一美学思想的影响，古人在艺术创作中常常会有意忽略“形”的创作，而是借助简单的“形”去传达深层的意蕴，进而达到“大象无形”“大音稀声”“大巧若拙”的境界。例如，汉代瓦当上的图形符号，画像石、画像砖上的各种造型，形象简洁却又不失活力。

当前，人们对精神文化的需求显得愈加急迫，将传统文化元素融入现代艺术设计中无疑有助于满足人们精神文化的需求，但现代社会的生活节奏也在不断加快，复杂的设计会在一定程度上增加人的心理负担，而简约的设计则有助于减轻人们视觉和心理的“负荷量”。因此，在将传统文化融入现代艺术设计中时，可以以“灿烂之极归于平淡”的美学思想为指导，摒弃复杂的外形设计，追求风格的简约。需要注意的是，简约并不是简单，而是一种较高层次的审美表达，体现的是一种阅尽繁华后的返璞归真。例如，图 5-5 中的圆扇便体现了“灿烂之极归于平淡”的美学思想，设计者从风筝中选取了蝴蝶和蜻蜓两个元素，在对其进行简化的处理后，将其简单的排列到扇面上，没有做更多的艺术设计。整个扇子的造型和元素非常简约，但却雅致不俗，简约大方，带给人一种简洁明快的视觉感受。

图 5-5　圆扇

## 二、对中国传统文化元素进行多向尝试

中国传统文化元素非常丰富，将其融入现代艺术设计中，不仅有助于丰富现代艺术设计的形式，还有助于提升现代艺术设计的内涵。在传统美学思想的指导下，面对丰富多彩的传统文化元素，我们可以对其进行多向的尝试，具体而言，可归纳为三个尝试方向：对中国传统文化元素进行直接借用、对中国传统文化元素进行提炼和简化以及对中国传统文化元素进行组合。

### （一）对中国传统文化元素进行直接借用

根据前文传统文化元素相关的论述可知，中国传统文化元素是由形式和意义两个部分构成的结合体，无论是从形式的角度来看，还是从意义的角度去看，都具有直接借用的可行性。因此，对中国传统文化元素进行直接借用是一个尝试的方向。

从形式的角度去看，中国传统文化元素的形式多种多样，设计师可以借用的元素很多，基本能够满足现代艺术设计的需求，设计师需要做的就是结合设计的需求选择适宜的传统文化元素。当然，现代艺术设计并不是如此简单的，传统文化元素也有其独特的审美法则，并不是随意拿出一个传统文化元素便可以融入现代艺术设计之中，如果不能同时站在现代艺术设计和传统文化的角度进行分析，很可能会使设计不伦不类，更不用提对传统文化元素形式美的体现了。此外，对传统文化元素的直接借用追求的是传统文化元素的再现，这就需要设计师关注传统文化元

素的每个细节。由此可见，对传统文化元素的形式进行直接借用时，虽然无须对其做进一步的创意设计，但仍需要设计师进行充分的思考，这样才能使传统文化元素生动地再现于现代艺术设计中。

从意义的角度去看，中国传统文化元素很多都具有独特的意义表述，并且在长时间的发展过程中，其意义逐渐固定下来，当出现某些元素时，自然代表着某些特定的意义。因此，很多中国传统文化元素不仅具备审美的装饰性，还具备达意性。中国传统文化元素对“意”的表述大多是对美好事物的向往，或者借以表达自己的情感，这同样符合现代人的审美价值。比如，梅、兰、竹、菊这四种形象就已经成为人们表达内心情怀的四个信息符号：梅花传达的是铁骨傲雪的高洁之气，兰花传达的是清幽含蓄的委婉之格，竹子传达的是虚怀若谷的崇高之节，菊花传达的是凌寒傲霜的晚节之度。再如，一些在民间广为流传的吉祥图案，它们大多是采用借喻、比拟、双关、象征、谐音等表现手法，使图案和吉祥语完美结合起来，进而使其具有祈求吉祥、免难消灾的含义，如鸡（吉祥）、蝠（幸福）、桃（寿）、鹿（官禄）、鱼（连年有余）、百合（合美）、桂花（富贵）、瓶（平安）等。在直接借用中国传统文化元素时，可以直接借用这些含有特定意义的元素，从而赋予现代艺术设计相同的意义。例如，设计者借用了铺首衔环的意义，将其运用到装饰画的设计中，并融合了一些其他元素，得到了图 5-6 所示的装饰画。

图 5-6　铺首衔环装饰画

无论是从形式的角度着手，还是从意义的角度着手，对传统文化元

素直接借用都具有较强的可操作性，当然也可以同时表现传统文化元素的“形”和“意”，这样可以使现代艺术设计同时兼具传统文化元素的形式美和意义美。

### （二）对中国传统文化元素进行提炼和简化

通过分析传统文化中的元素，笔者认为可以将其分成两部分：一部分是写实的、烦琐的，另一部分是抽象的、简洁的。如果站在事物发展的角度去看，很多事情的发展都是一个从简单到复杂，从复杂到简单，再由简单到复杂的这样一个循环的过程（也可以理解为从写实到抽象，从抽象到写实，再由写实到抽象的过程）。面对丰富的中国传统文化元素，我们可以从“复杂”与“简单”的关系去看待，通过将复杂的传统文化元素简单化或者将简单的传统文化元素复杂化的方式，赋予传统文化元素新的表现形式。就两种方式而言，化繁为简的方式更具操作性，而且也有助于对传统文化元素本质特征的提炼和保留，所以笔者更倾向于尝试化繁为简的操作方向。

在对中国传统文化元素进行提炼和简化时，可以采取现代构成的方法，这是一种现代造型方法，它打破了传统美术的具象写实手法，主要从抽象形态入手，追求视觉语言——点、线、面、色彩等的造型要素的纯形式表现。当然，这种表现形式虽然注重的是形的表现，但在形的表象下仍旧蕴含着深刻的内容，只是内容中的意蕴被淡化和隐藏了，消融于形式之中，进而达到一种似有似无的意境，使之变得别有意味。其实，在传统文化元素中，便可以看到简化的符号。例如，西安半坡遗址中出土的彩陶上的鱼形纹、人面纹等，便是以实物为依据，通过简化处理得到的。

需要注意的是，化繁为简看似简单，但要使传统文化元素的重要特征得以保留，便需要设计师深入理解传统文化所蕴含的精神内涵或文化内涵，并将现代构成方法的形式美法则与传统文化的内涵美法则相结合，用现代构成的视觉呈现效果去融汇传统文化元素的内在意蕴。在现代社会，传统文化也应该有新的表现形式，所以需要我们从一个新的角度对传统文化元素进行提炼和简化，将传统文化元素高度概括出某种形象符号，弱化其细节性处理，追求现代艺术设计中的几何秩序美和交错美，并用现代审美情趣去审视，最终实现“同中求异，异中求同”的艺术创作效果。这就需要设计师具有高度概括的能力，并对传统文化具有深刻的理解，从而使传统文化元素巧妙地融入现代艺术设计中。

例如，设计者以西安半坡遗址出土的彩陶上的纹饰为基础，对上面的纹饰进行了提炼和简化，得到了多种类型的纹饰。图 5-7 展示了人面纹的提取过程，设计者简化了人面纹上的一些元素，保留了其基本的特征，得到了简化的人面纹图案。

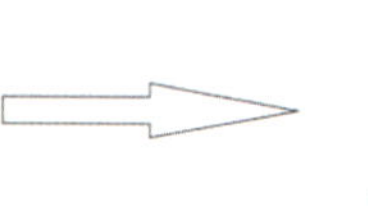

图 5-7　半坡彩陶人面纹的提炼和简化

提炼和简化后的图案可以运用到现代艺术设计实践中，图 5-8 便是借助简化后的人面纹设计的两个产品，一个为本子，一个为餐具袋。

图 5-8　半坡彩陶人面纹提炼和简化后的实践应用

### （三）对中国传统文化元素进行组合

除对中国传统文化元素进行提炼和简化外，还可以对其进行组合，这样可以进一步丰富传统文化的表现形式。相较于提炼和简化而言，组合是另一种思路和方向，它既可以发生在提炼和简化的基础上，也可以发生在传统文化元素原貌的基础上。其实，在传统艺术设计中，便存在组合的设计方式。比如，龙和凤是在中国传统文化中代表着尊贵、吉祥等含义的图形，两种图形产生于不同的时期，最开始也是分开运用的，但后来被组合到一起运用，有龙凤呈祥之意。因此，在将传统文化元素融入现代艺术设计中时，可以借鉴这一思路，将不同的传统文化元素组合到一起。

至于如何组合，笔者认为同样可以从“形”和“意”两个方面着手，或考虑“形”的组合，或考虑“意”的组合，或同时从“形”和“意”的角度考虑。无论从哪个角度考虑，都需要注意组合后的图形有其合理性和审美性，而不是生拼硬凑。例如，设计者以半坡文化为基础，设计了两个卡通人物（图 5-9），卡通人物形象以半坡人物为原型，分为男性和女性，他们额头均有束发的发带，表情、肤色、服饰各不相同。卡通人物服装采用的是半坡的原始服装形式，颜色上有所区别，男性服装颜色采用了比较沉稳的深绿色，女性服装颜色采用了比较柔和的粉色，两种颜色分别代表着男性和女性的性格特点。在装饰物上，男性佩戴的是兽牙链，女性佩戴的则是贝壳链。在纹饰上，女性服装的纹饰更加丰富，除人面纹外，还有几何排列的舞蹈纹样和重复排列的几何纹。两个卡通人物组合了半坡文化中的多个元素，人物形状造型简洁，整体造型憨厚可爱。

图 5-9 组合半坡文化元素设计的卡通人物

### 三、借助现代材料和现代科技

随着科学技术的不断发展，可应用于现代艺术设计的技术也在不断进步，与此同时，新的材料不断出现，这为现代艺术设计和传统文化元素的融合提供了更多的可能性。例如，2008 年北京奥运会祥云火炬的设计便是现代科技与传统文化元素融合的一个典范。“渊源共生，和谐共融”的传统文化符号——“祥云”，被精雕细刻在炫亮的轻薄铝合金的外壳上，从炬身正中部向上升腾，银白的炫亮颜色让火炬看起来具有现代感，强烈地体现出中国传统艺术与现代设计的交融。北京奥运奖牌的设计则运用现代科技将背面镶嵌着取自中国古代龙纹玉璧造型的玉璧，和镌刻着北京奥运会会徽的金属图形相结合，是中国文化与奥林匹克精神在北京奥运会形象工程中的又一次“古今融合”。

此外，现代印刷技术的进步也推动了平面设计的发展，再加上一些特种纸张的运用，使得现代平面设计呈现出了传统纸张不能达到的视觉效果。比如，在书籍的装帧中，设计师可以借助传统的装帧方式，并运用现代印刷工艺以及特征材料，使书籍装帧既能够体现传统文化的意蕴美，又能呈现出精美的视觉效果。

如今，随着信息技术的发展，3D 技术也逐渐普及开来，这使得传统文化元素能以更多的形式与现代媒体艺术设计相融合。比如，在动画设计中，设计师可以借助 3D 技术将中国传统文化中的水墨元素融入动画设计中，这样可以在保持水墨画意境和神韵的同时，使其呈现出三维的立体效果。

借助现代技术和现代材料推动中国传统文化元素与现代技术融合的案例还有很多，笔者在此不一一列举。概而言之，现代技术和现代材料的运用，既是现代科技与中国传统文化的交融，也是艺术设计与技术相结合的创新。未来，随着现代技术和现代材料的发展，将为现代艺术设计与传统文化元素的融合带去更多的可能性。

## 第三节　不同传统文化元素与现代艺术设计的融合

在上一节中，笔者对中国传统文化元素与现代艺术设计融合的策略

进行了详细的阐述，在本节中，笔者以上述策略为指导，对具体的中国传统文化元素与现代艺术设计的融合做进一步的研究。中国传统文化博大精深，其元素非常丰富，所以笔者在此仅从众多的传统文化中选取几个元素展开论述。

## 一、青花瓷元素与现代艺术设计的融合

青花瓷是中国瓷器的主流品种之一，又被称为白地青花瓷，简称青花。青花瓷创始于唐朝，成熟于元朝，兴盛于明朝。作为瓷器中一颗璀璨的明珠，青花瓷历经千年不衰，到今天依旧熠熠生辉。如今，青花瓷元素已经被广泛运用到现代艺术设计中，赋予了现代艺术设计更加丰富的内涵。

### （一）青花瓷的艺术特征

关于青花瓷的艺术特征，笔者通过查阅资料发现，不同朝代的青花瓷具有不同的艺术特征，所以笔者在此分别对唐、宋、元、明、清几个朝代的青花瓷的艺术特征做简要阐述。

1.唐朝青花瓷的艺术特征

中国的青花瓷最早出现于唐朝，但由于工艺的限制，唐朝时期青花瓷的制作还不成熟，这导致唐朝青花瓷的釉色并不是十分纯正，整体风格也显得简朴、粗略，但也正是这种简朴和粗略赋予了唐朝青花瓷几分朴素感和天然的志趣。

2.宋朝青花瓷的艺术特征

到宋朝，瓷器烧造技术得到了进一步的发展，尤其是在器型的制造上更加的标准，再加上画工技巧的流畅，使得宋代青花瓷具有了独特的品格。但是，在釉色的处理上仍旧不成熟，釉色并不十分纯正。因此，就宋朝青花瓷而言，其整体的艺术特征表现为型、画兼具而釉色不足。

3.元朝青花瓷的艺术特征

无论是从工艺的角度去看，还是从审美的角度去看，元朝青花瓷都达到了一个极高的水准。不可否认，元朝青花瓷在胎釉上还略显粗糙，但元朝青花瓷无疑是当时世界上最完美的蓝白瓷器。总体而言，元朝青花瓷的艺术特征可以概括为古雅、丰润、饱满，其色泽和型制都呈现出

了青花瓷艺术的高水准。

4.明朝青花瓷的艺术特征

在元朝青花瓷的基础上，明朝又将青花瓷的烧制工艺和绘画艺术推向了另一个极致。在艺术特征上，明朝青花瓷最大的一个特征就是多元化，即每个时期都呈现出独特的风格。例如，永乐时期的青花瓷胎釉精细，青色浓艳明快，造型新颖多样，纹饰优美生动；嘉靖时期青花瓷的烧制数量最多，以“回青”料为主，基调以色泽浓艳泛紫为共同特征。

5.清朝青花瓷的艺术特征

关于清朝青花瓷的艺术特征，由于官窑和民窑存在较大的差异，因此需分开论述。清朝官窑青花的最大特征在于它胎体釉色、画工的恭敬、周道、细密和规范，而且其烧制技术非常成熟，是前朝不可比拟的，但从绘画艺术的纯粹性上来看，却不及元、明两朝。在民窑青花方面，虽然可以时常见到描绘得十分放松、潇洒的佳作，但由于釉料选择上的多元宽泛，烧制出的青花釉色演变得娇艳绚烂，所以从艺术的深厚、沉稳、情韵、格调方面无法与明朝相提并论。

### （二）青花瓷元素与现代艺术设计融合的基础

要想将青花瓷元素与现代艺术设计更好地融合，需要设计师做一些基础工作，主要包括如下两个方面。

1.加强对青花瓷图案形式的语言探究

青花瓷图案是青花瓷中的一个重要元素，也是在现代艺术设计中应用最普遍的一个元素，所以需要对青花瓷图案的形式语言进行探究。

加强对青花瓷图案样式的了解。在不同的历史时期，青花瓷图案也存在差异，而不同样式的青花瓷图案具有不同的审美。设计师需要对不同样式的青花瓷图案做细致的分析，了解其审美内涵，从而更加灵活地将青花瓷图案运用到现代艺术设计之中。

加强对青花瓷图案文化的背景了解。青花图案作为青花瓷上的一种装饰元素，具有深厚的文化背景，能够在一定程度上反映其所在历史时期的人文社会状态以及思想形态。因此，设计师需要深入挖掘青花瓷图案的文化背景，了解图案背后的文化内涵，从而充分地展现青花瓷图案的魅力。

2.构建青花瓷元素的现代艺术设计理念

设计理念是设计实践的先导，要将青花瓷元素与现代艺术设计有机地融合，就需要先构建相应的现代艺术设计理念，而现代艺术设计理念的构建则需要在充分探究青花瓷形式（包括图案形式）的基础上加强青花瓷元素与现代艺术设计的逻辑关系论证。不同的时代有着不同的文化元素，也有着不同的设计理念，通常同一个时代下的设计理念和文化元素有着较强的逻辑关系，而不同时代下的文化元素和设计理念虽然也存在着一定的逻辑关系，但需要设计师对其进行探究。因此，要将青花瓷元素（传统文化元素的一部分）与现代艺术设计融合起来，必然需要设计师对两者的逻辑关系进行论证分析，从而形成符合时代特征的现代艺术设计理念。

### （三）青花瓷元素与现代艺术设计融合的思路

关于青花瓷元素与现代艺术设计融合的思路，笔者在以本章第二节所论述的策略为指导的基础上，对青花瓷元素做了更为细致的分析，形成了更加具体的设计思路，大致包括两个方面：形式语言的融合以及文化内涵的融合。

1.形式语言的融合

所谓形式语言，就是作用在人们视觉心理基础之上的，是借助画面中的形状、色彩、光线、文字、空间等视觉元素，以一定的视觉程序并经过特定的表现与组合，达到与人相互交流与沟通的一种信息语言形式。青花瓷在图案和颜色两方面有着非常高的辨识度，这两者也是在现代艺术设计中使用最广泛的青花瓷元素。当然，无论哪种青花瓷元素，都有着其独特的视觉美感，在将其融入现代艺术设计中时，设计师需要对青花瓷元素进行充分的分析，在尊重其元素自身特色的基础上，注重该元素和设计物之间的关系，从而使青花瓷元素和现代设计物形体之间相得益彰。例如，在图 5-10 的设计中，设计者将青花瓷中的图案元素运用到笔筒的设计中，形成了四种风格不同的设计形式。

图 5-10　青花瓷形式语言与现代艺术设计融合实例

2. 文化内涵的融合

青花瓷的文化内涵主要体现在图案上，因为随着时代的变迁，社会文化形态在发生改变，这会使青花瓷图案发生改变，从而使不同的青花瓷图案有着不同的文化内涵。例如，在明朝青花瓷图案中，鸟纹是一个重要的题材，蕴含丰富的审美特征和文化内涵。从审美特征上看，明朝青花瓷上的鸟纹具有神韵之美和自然之美两大特征；从文化内涵上看，则蕴含吉祥如意、文人旨趣等内涵。因此，在现代艺术设计中，如果运用明朝青花瓷鸟纹图案，除装饰的作用外，还蕴含吉祥如意的文化内涵。再如，波浪纹饰在明朝的青花瓷中也比较常见，浪纹通常用细线双勾中空，有的加绘细小圆圈以示浪花，波纹粗而疏，层层叠叠，汹涌起伏。波浪纹饰的运用体现了古代的海洋文化，虽然古人对海洋的认知较浅，但古人对海洋的探索却从未停止，并形成了独特的海洋文化。在图 5-11 的设计中，设计者便将海洋、祥云等具有文化内涵的纹饰运用到了盘子的设计中，既增加了几分审美性，也增添了几分文化内涵。

图 5-11　青花瓷文化内涵与现代艺术设计融合实例

## 二、传统绘画元素与现代艺术设计的融合

传统绘画是中国传统文化的一个重要组成部分，作为一种艺术形式，中国传统绘画在中国的文化艺术史上占有重要的地位。如今，中国传统绘画已经被普遍运用到现代艺术设计中，极大地丰富了现代艺术设计的形式和内涵。

### （一）中国传统绘画的艺术特征

1. 中国传统绘画的形式美

在中国传统绘画漫长的发展史中，中国传统绘画形成了诸多画科、画种，虽然不同画科、画种之间具有不同的绘画特色和风格，但就其形式美而言，也存在着相同的特征，即中国传统绘画具有多样而统一的形式美。具体而言，中国传统绘画的形式美主要体现在如下几个方面。

首先，中国传统绘画的形式美体现在线条方面。在绘画中，线条是勾画物象轮廓（造型）的重要元素，从某种层面上来说，绘画是一门“以线造型”的艺术。但在中国传统绘画中，线条的作用远不止如此，它还具有独特的形式美感。画家运用刚柔、疾徐、轻重等不同的用笔方法，以及利用皴、擦、点、染、勾等不同的线条描绘手法、方式，画出了轻重浓淡、疏密疾徐、粗细曲直、刚柔润枯等形态变化的多种线条，将各种描摹对象的特点描绘得生动传神，充分体现了中国传统绘画的独特美感。

其次，中国传统绘画的形式美体现在色彩方面。在色彩的运用上，中国传统绘画独具中国特色的黑、白、青、赤、黄五色审美体系。在此基础上，中国传统绘画用色还具有调和统一、虚实有度的特点，这使得中国传统绘画给人一种均匀、细腻、和谐的感觉。

最后，中国传统绘画在重视线、色表现的同时，还在不断创造着其他方式方法以表现独特的形式美。比如，“留白”便是中国传统绘画中的一种创作手法，通过在画面上留出大量的空白，营造出一种别样的意境。再如，通过采用不同形制（册页、手卷、扇面等）、不同大小、不同材质的裁体，也能够使中国传统绘画呈现出不同的韵味。

2. 中国传统绘画的意境美

在中国传统绘画中，创作者对意境的表现非常重视，所以常常有“画已尽而意不止，笔虽止但意无穷”之说。具体而言，中国传统绘画的意境主要体现如下几个方面。

首先，中国传统绘画的意境美体现在情与景的交融中。景属于客观物象，情属于主观精神，情景交融便是客观物象和主观精神的交融。其中，景是基础，情寓于景中，由于有情，景显得更加生动，同时借助于景，情也变得更加浓烈，于是一幅画作在情与景交融中表现出了极高的艺术境界。

其次，中国传统绘画的意境美体现在形与神的兼备上。形即形似，指对客观物象外形的描绘；神即神似，指对客观物象神韵的体现。在中国传统绘画中，“形”是基础，但很多画家并没有停留在对“形”的描绘上，而是在形似的基础上进一步追求神似，这使得中国传统绘画具备了形神兼备的意境美。

最后，中国传统绘画的意境美还体现在动静结合、虚实相生中。动静、虚实本是两对矛盾体，但在中国传统绘画中，两对矛盾体却实现了有机的融合。例如，在明末清初著名画家石涛的《风雨夜归图》中，虽然画面是静止的，却能够让人感觉到风声和雨势。动静、虚实之间，画作的意境跃然纸上。

3. 中国传统绘画形式美与意境美的结合

笔者在前文分别对中国传统绘画的形式美和意境美进行了论述，旨在更加清楚地将中国传统绘画的艺术特征描述出来。其实，中国传统绘画所体现的美不单单表现在形式或意境某一个方面，而是体现在两者的结合上。而在两者的结合中，通常有两种表现形式，一种是通过形式美去传达意境美，另一种则是通过意境美去传达形式美。但无论是哪种形式，只有将形式美和意境美相结合，才能真正体现出中国传统绘画的美感。

### （二）中国传统绘画元素与现代艺术设计融合的思路

关于中国传统绘画元素与现代艺术设计融合的思路，笔者同样是以本章第二节的策略为指导，再加上前文对中国传统绘画元素所做的分析，

形成了更加具体的设计思路。具体而言，主要体现在两个方面：一是融合中国传统绘画的形式美，二是融合中国传统绘画的意境美。

1. 现代艺术设计与中国传统绘画形式美的融合

关于中国传统绘画的形式美，在前文中已经指出，主要包括造型、色彩和构图三个方面，所以现代艺术与中国传统绘画形式美的融合也主要体现在这三个方面。

首先，在造型上，中国传统绘画中的造型非常丰富，可以说每幅传统画作都可以提取出一个造型，甚至可以通过对造型的再设计，由一个造型衍生出多个造型。当然，中国传统绘画中的造型虽然丰富，但并不是可以随意选取并随意运用到任何类型的艺术设计中，还需要设计师结合具体的情况做适当的选择和设计。例如，在图 5-12 所示的束口袋中，设计者运用了敦煌壁画中的一些造型元素，这些造型元素虽然有一定程度的简化，但仍具有很高的辨识度，使束口袋具有了别样的风格。

图 5-12　束口袋中敦煌壁画造型元素的运用

其次，在色彩上，中国传统绘画色彩的运用取得了辉煌的艺术成就，形成了独具中国特色的黑、白、青、赤、黄五色审美体系，这一体系可以运用到现代艺术设计中。同样以敦煌壁画为例，敦煌壁画在色彩的运用上便是以五色审美体系为基础的，但由于敦煌莫高窟从开发到最终的形态经历了好几个朝代，而各个朝代在颜色基调上又各有不同，所以敦煌壁画的色彩运用也随着时间的推移而变化。在早期，敦煌壁画在色彩运用上以红色为主色调，同时辅以黑、白、灰等颜色；到了中期，色调变得绚丽多彩，青、绿两种颜色的比例开始增加，同时加入了其他颜色；到了晚期，敦煌壁画在色彩上趋向于温和的色调，同时加上时间的作用

（早期的壁画颜料发生了化学反应），使得敦煌壁画的颜色随着时间的推移出现了第二次生命。因此，在将敦煌壁画色彩与现代艺术设计融合时，设计师在色调上具有多种选择。例如，图 5–13 的设计便是以红色为主色调，而图 5–14 的设计则是以青色为主色调。

图 5–13　以红色为主色调的设计　　图 5–14　以青色为主色调的设计

最后，在构图上，前文指出了中国传统绘画中非常常见的一种构图形式——留白，这种形式也可以运用在现代艺术设计中。同样以敦煌壁画为设计元素，设计者在运用敦煌壁画相关元素的基础上，采用了留白的构图方式进行设计，设计作品如图 5–15 所示。而在图 5–15 的基础上，设计者将上方的留白进一步扩大，并将其运用到手机保护套的图案设计中，作品外形如图 5–16 所示。

图 5–15　采用留白构图方式设计的图案

图 5-16 采用留白构图方式设计的手机保护套图案

2. 现代艺术设计与中国传统绘画意境美的融合

意境在中国传统绘画中发挥着重要的作用，它赋予了画作更多的艺术内涵，提升了画作的艺术境界。当然，要在画作中赋予意境并非一件易事，但在中国几千年的绘画史中，具有意境的画作并不在少数，设计师可以将这些作品直接融入现代艺术设计中，从而最大限度地保留原画作的意境。当然，意境是一个非常神奇的诗意空间，即便是同一幅画作的相同内容，以不同的形式表现，其意境也可能会发生改变，但采用整体借鉴的方式无疑是保留原画作意境的一个有效途径。

此外，设计师还可以对要借鉴的画作进行深入的分析（包括对画作、创作者、创作背景等方面的分析），了解该画作所具有的意境，然后提取画作中的主要元素，并将这些元素与现代艺术设计相融合。为了最大限度地将原画作表达出来，设计师在运用画作中的各元素时，还需要从色彩、构图等方面做出思考。这种方式对设计师的要求较高，需要设计师对画作进行深入的分析，同时也要对中国传统绘画有一定的认识，但这种方式的设计自由度也相对较高。例如，在敦煌莫高窟第二百五十七窟中有一幅壁画——《鹿王本生图》，该壁画取材于《鹿王本生》这一神话故事，所以该壁画具有很强的神话色彩，而该壁画的意境也体现在此。因此，在将该壁画融入现代艺术设计中时，应注意对其神话色彩的渲染。如图 5-17 所示，便是汲取《鹿王本生图》意境设计的作品。

图 5-17 汲取《鹿王本生图》意境设计的作品

## 三、民间工艺元素与现代艺术设计的融合

民间工艺是大众生活的民俗艺术，其所包含的类型很多，如刺绣、皮影、风筝、编织等都属于民间工艺。由于不同民间工艺在外在形式、艺术内涵等方面存在较大的差异，因此笔者在此以风筝为例，对风筝艺术元素与现代艺术设计的融合展开论述。

### （一）风筝的艺术审美

关于风筝的艺术审美，主要从装饰美和题材美两个方面着手。

1. 风筝艺术的装饰美

风筝艺术的装饰美主要体现在造型和色彩上。在造型上，风筝的造型可谓丰富多彩，有长串式、板子、桶式、软翅、硬翅等，并且每种造型又有非常多的样式，可以是动物样式，也可以是植物样式，还可以是人为构想出来的样式。但无论是哪种造型，风筝在整体的造型上都讲究左右对称、上下对称，其中桶式风筝还需要做到中心对称。之所以在造型上要讲究对称，是因为风筝需要平稳飞行（只有上下对称，左右对称，风筝在天空中受力才能更加均衡，也才能飞得又高又稳），所以在关注风筝造型设计的同时，还需要遵守对称原则。

在色彩上，由于风筝的题材很多都是取材于大自然，因此对色彩的运用也应尊重自然规律。比如，常见的金鱼造型风筝，因为大自然中常

见的金鱼是红色的，所以该造型的风筝也大多采用红色。当然，在尊重自然规律的基础上，很多设计师也会融入一些个人设计理念，进行二次创造，所以即便是金鱼造型的风筝，在颜色上也有差异。此外，风筝的色彩还具有一定的寓意性，这在民间工艺中非常常见，所以对风筝色彩美的分析也不能离开民间色彩观。当然，由于不同地域对色彩的认知是存在差异的，因此民间色彩观也具有地域性，这使得不同地域的风筝在色彩运用上也存在差异，但正是这种差异，使风筝在色彩上更加的丰富和多彩。

2. 风筝艺术的题材美

风筝作为一种民间工艺，不仅具有实用性，还兼具艺术欣赏功能，而在艺术欣赏功能中，风筝还寄托了社会大众精神层面的追求，这些精神追求主要通过风筝的题材表达出来。风筝的题材，同样非常丰富，将这些题材进行归纳，大致可概括为“福、禄、寿、喜、财”五种。比如，在动物题材中，龙凤题材寓意是“龙凤呈祥”，蝴蝶题材寓意是“百蝶闹春”，金鱼题材寓意是“鲤鱼跳龙门”或“连年有鱼”……由此可见，这些题材往往是通过双关、借喻、比拟等手法去表现，构成了“一句吉语一图案”的美术形式，赋予求吉呈祥、消灾免难之意，寄托了人们对平安、长寿、幸福、喜庆的向往。

### （二）风筝艺术元素与现代艺术设计的融合思路

关于风筝艺术元素与现代艺术设计融合的思路，笔者同样以本章第二节的策略为指导，再加上前文对风筝艺术审美所做的分析，形成了更加具体的设计思路。具体而言，主要体现在三个方面：与风筝造型元素的融合、与风筝色彩元素的融合、与风筝题材元素的融合。

1. 风筝造型元素与现代艺术设计的融合

风筝作为一种民间工艺，其丰富的造型为现代艺术设计提供了丰富的视觉元素，同时借助风筝的民间工艺性，也能够赋予现代艺术设计别样的韵致。在运用风筝造型元素时，可以将一些物件直接设计成风筝的造型，比如胸章、头饰等，风筝造型的运用可以使这些物件变得更加灵动。由于有些风筝的造型比较复杂，在直接借鉴风筝造型时，可以进行一定程度的简化处理，这样既可以降低设计难度，也可以降低工艺难度。

此外，对于一些较大的物件，将其制造成风筝的造型具有较大的难度，而且在实用性和审美性上也会受到影响，所以设计师可以将风筝的造型以排列的方式平铺到物件的表面。例如，扇子不仅要具备审美性，还应具备实用性，如果将扇子设计成风筝的造型，不但制作难度大，实用性不强，而且也并不美观。因此，设计者对风筝的造型进行了一定的简化，然后将其设计成图案，并将其以排列的方式平铺到扇面中，使圆扇兼具了实用性和审美性。

2. 风筝色彩元素与现代艺术设计的融合

从前文对风筝色彩的分析可知，风筝艺术在色彩的运用上遵循民间色彩观，而且不同地域有着不同的色彩观，所以为了最大限度地保留风筝艺术的色彩美，笔者认为可以采取整体借鉴的方式，即连同风筝的造型和色彩一起运用到现代艺术设计中。当然，这种方式的局限性也比较大，因为将风筝色彩运用到设计物上，还需要考虑其与设计物整体色彩的协调性，所以这种方式的应用范围较窄。因此，另一种方法就是在保留风筝原色彩特点的基础上，对其色彩进行一定的处理（或简化，或丰富），从而拓宽其应用的范围。例如，设计者在风筝原色彩的基础上增加了一些色彩，形成了图 5-18 所示的图案，该图案由于色彩更加丰富，所以整体形象也更加生动。

图 5-18　手机壳设计中风筝色彩的运用

3. 风筝题材元素与现代艺术设计的融合

风筝的题材大多有着深层的寓意，这些寓意代表着人们的美好愿望，而将风筝题材运用到现代艺术设计中，便可以借助风筝题材本身的寓意赋予该设计物相同的寓意。例如，图 5-18 所涉及的几个形象便取材于风筝，只不过在色彩上进行了丰富，但该题材的寓意并未改变。当然，由

于图 5-18 所示的产品功能性占主要地位，所以其题材的寓意便被弱化了。如果将这些题材运用到以审美功能为主的产品中，无疑能够进一步凸显风筝题材的寓意。在这一设计理念的指导下，设计者将上述图案运用到了胸章设计中（图 5-19），由于胸章以审美功能为主，所以风筝题材的寓意也体现得更加明显。例如，蝴蝶风筝的寓意是幸福、爱情，因此左下角蝴蝶图案的胸章也同样象征着幸福和爱情。该胸章可以作为恋人之间互赠的礼品，象征着恋人之间对爱情的坚持和对未来幸福生活的向往。

图 5-19　胸针设计中风筝题材的运用

# 第六章　中国传统文化元素与现代艺术设计融合——以视觉传达艺术为例

## 第一节　视觉传达及其设计元素

视觉传达艺术设计作为现代艺术设计中的一个类型，在人类发展的历史上普遍存在，而进入现代社会后，随着数字化多媒体技术的发展，视觉传达的形态在不断丰富，从单一媒体到多媒体，从二维平面到三维立体空间，而这也使视觉传达设计变得更加多样化。因此，现代社会的视觉传达设计的范畴被极大地扩大，从某种意义上来说，视觉传达设计已经能够关联一切和视觉相关的设计领域。这也是笔者在本章以视觉传达艺术设计为例的一个重要原因，因为它涵盖的范畴更广，所以能够从更多的方面去说明和阐述问题。关于视觉传达设计的含义、特征以及涉及的领域，笔者在本书第二章第二节中已经进行了论述，在本节中将针对其设计元素做进一步的说明。具体而言，视觉传达设计的设计元素主要包括四个方面，即文字、图形、色彩和编排（图 6–1）。

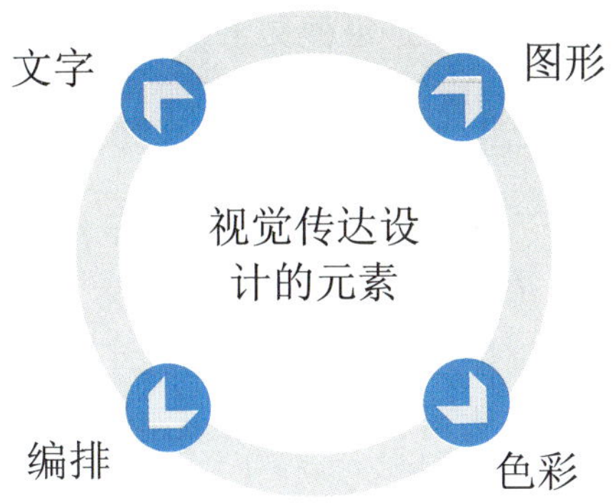


图 6-1　视觉传达设计的元素

## 一、文字

### （一）文字在视觉传达中的作用

文字是人类用来交际的符号系统，是记录语言的书写形式，是人与人之间交流信息的约定俗成的视觉信号系统。[①] 在视觉传达设计中，文字是一个至关重要的视觉要素，借助这一视觉要素，可以有效地传达信息。此外，还可以针对文字进行艺术化设计，赋予文字一定的艺术气息，从而提高设计作品的艺术效果，赋予作品一定的审美价值。简单来说，针对文字的艺术设计就是使文字兼具“读的功能”和“看的功能”，即在保留文字符号信息传达作用的基础上，强化文字的装饰作用。

在现代视觉传达设计中，针对文字的艺术设计应不断开拓和创新，更加重视人文主义文化性和个性的发展，改变文字书写的规范性，打破人们对文字及其板式设计的常规认识，将文字看成图形的一部分，把版面中的每个字、每个符号都作为画面的一个设计元素，对常规版式设计中的文字排列的秩序和结构进行解构，再进行重组，以增强视觉冲击力。

### （二）文字在视觉传达设计中的设计原则

文字作为视觉传达设计中的一个要素，针对其进行的艺术设计需要

① 王志国，李会林，车锦华．中国书史（古代）[M]．呼和浩特：内蒙古人民出版社，2008：1.

遵循一定的原则。当然，并不是每种文字设计都需要遵守这些原则，而是在相应的情况下应遵守相应的原则。具体如下所述。

1. 文字设计的识别性原则

在视觉传达设计中，文字传达信息的功能虽然不是必要的，但有时文字必须要发挥其信息传达的作用，在这种情况下，针对文字进行的艺术设计必然需要遵守识别性的原则。如果忽视了这一点，只为了追求艺术效果，就会导致文字失去可识性，那么无论文字被设计得多么优美，该设计也是失败的。

2. 文字设计的适合性原则

文字仅仅是视觉传达设计中的一个要素，对文字的设计要服从主题的要求，不能相互冲突、相互脱离，这就需要设计师在把握设计主题的基础上，对文字的大小、颜色、样式等进行全面的思考，以确保设计的文字是适合的。

3. 文字设计的审美性原则

视觉传达设计的要点是视觉信息的传达，而为了唤起观看者视觉上的审美感受，设计师需要遵守审美性的原则。在文字设计中，美体现在多个方面，包括文字的结构、字与字之间的关系等。因此，对文字的设计不能只针对文字的局部或单个文字，而是需要从整体进行把控，从而设计出优美的文字，并达到视觉审美的目的。

4. 文字设计的统一性原则

文字设计的统一性是指文字的设计应注重整体的协调、统一，并从文字大小、风格、明暗、方向等因素进行考虑，使这些因素服从表示主题的要求，进而创造出具有秩序性、协调性的文字组合。为了进一步凸显文字设计的统一性，文字设计还需要遵循人们阅读文字的习惯，增强视觉传达功能，赋予审美情感，进而顺应人们心理感受的顺序。

## 二、图形

### （一）图形在视觉传达设计中的作用

视觉传达设计是“语言化图形”和“图形语言化”的过程，所以从某种程度上来说，图形是视觉设计中的一个核心要素。因此，设计师需

要对图形进行精心的设计，从而借助图形提升设计产品的审美价值，并传达出设计师的设计理念和艺术主张。

相较于文字符号而言，图形符号更加的直观、简明，能够使不同年龄阶段、不同文化水平、不同地区（使用不同语言）的人比较直观地理解和使用。因此，在视觉传达设计中，图形无疑具有更加广阔的表现空间，也具有更强的表现力。设计师在设计图形符号的过程中，既可以使用复杂的图形，也可以使用简单的线条勾勒图形，并借此表现独特的含义，甚至可以将图形和文字联系起来，使设计的作品以图形和文字结合的方式表达出来。

### （二）图形在视觉传达设计中的设计原则

图形作为视觉传达设计中的一个核心要素，对其进行的艺术设计需要遵循一定的原则。当然，并不是每种图形设计都需要遵守这些原则，而是在相应的情况下应遵守相应的原则。具体如下所述。

1. 图形设计的合理性原则

为了使图形更好地服务于整个版面，寻求合乎情理的图形视觉语言就显得尤为重要，这也是使图形以及整个版面达到最佳视觉效果的一个基本要求。首先，图形的主色调应清晰鲜明，色彩的层次应表现到位；其次，图形整体的布局应呈现协调性、层次性、对称性、构造性等特征，以便观看者更容易接受和理解；最后，图形应突出重点，主次分明，所有元素都应该有条不紊地融合在一个图形的表现元素中。由此可见，此处所说的合理主要是指图形版面排布的合理性，而非合乎现实的合理性，因为很多创意性的图形是与真实的现实世界相违背的，如果对这一合理性进行限制，无疑会限制图形的创意设计。

2. 图形设计的趣味性原则

在有些情况下，趣味性的图形更能够吸引人和打动人，所以在有需要时，应秉承趣味性的原则，设计一些具有趣味性的图形，从而赋予设计产品一些幽默和情趣。例如，图 6-2 是设计者以铺首衔环的形象为基础设计的一个图形，该图形的设计便遵循了趣味性的原则，对铺首衔环的形象进行了趣味性的处理，使该胸章增添了几分趣味性。

图 6-2　基于趣味性原则设计的铺首衔环胸章

3. 图形设计的创意性原则

创意性原则的本质就是突出图形的创意，使图形能够引人入胜。在图形设计中，设计师应勇于打破常规，别出心裁，增加一些个性与独创性，这样才可能设计出具有创意性的图形。当然，图形的创意设计并非一件易事，在大胆创新的基础上，还需要设计师进行巧妙的构思，明晰其象征意义，同时重视图形的自然性、构造性、动作性等方面的视觉平衡，进而创造出符合需求的创意图形。

## 三、色彩

### （一）色彩在视觉传达中的作用

色彩是一项重要的形式语言要素，在视觉传达设计中扮演着至关重要的角色。设计师通过对色彩的搭配与运用，能够增强设计产品的视觉冲击力，吸引受众的眼球。心理学研究表明，人的视觉器官在观察物体时，最初的 20 秒内，色彩感觉占 80%，形体感觉占 20%；而 2 分钟后，虽然色彩感觉所占的比例有所降低（大约 60%），但仍旧发挥着非常重要的作用。[①] 因此，在视觉传达设计中，设计师应巧妙、创造性地运用色

① 吴婷婷 . 视觉传达设计 [M]. 北京：科学技术文献出版社，2016：58.

彩，以此来增加设计作品对视觉的刺激，进而提高视觉传达设计的视觉效果。

### （二）色彩在视觉传达设计中的设计原则

色彩作为视觉传达设计中的一个要素，针对其进行的艺术设计需要遵循一定的原则。当然，并不是每种色彩设计都需要遵守这些原则，而是在相应的情况下应遵守相应的原则。具体如下所述。

1. 色彩设计的传达性原则

在视觉传达设计中，任何设计要素都是为信息的传达服务的，无论是发挥主要作用，还是发挥辅助、衬托作用。色彩作为视觉要素中对视觉影响最突出的一个要素，自然也应该发挥其信息传达的作用。因此，在视觉传达设计中，针对色彩的设计要遵循传达性的原则。以商品的包装设计为例，运用优美且个性鲜明的色彩能够起到美化商品的作用，同时快速吸引消费者，激发消费者的购买欲。一种常用的色彩设计方法就是将商品的颜色运用到外包装的设计中，这种利用商品本身颜色再现于外包装上的传达性表达，能够让消费者产生一种物类同源的感觉，使商品的表达能力得以增强，进而提升商品的竞争力。

2. 色彩设计的对比性原则

在色彩设计中，对比关系的运用可以起到突出主题形象，提高视觉冲击力的作用。相较于同色系而言，对比色之间的关系具有强烈、鲜明、华丽、饱和、活跃等特点，所呈现的视觉效果也非常强烈。因此，在视觉传达设计的色彩设计中，可秉承对比性的原则，通过对比色的运用提高视觉传达设计的视觉效果（图 6–3）。

图 6-3　依据对比性原则设计的图形

3. 色彩设计的协调性原则

在视觉传达设计中，无论是运用对比色，还是运用同色系，都需要遵守整体性的原则，即整个设计作品在色彩的视觉呈现上是协调的。例如，在进行色彩搭配时，可以采取单性同一搭配、双性同一搭配和近似搭配的方式，采取不同的搭配方式，可以得到不同的色调效果，但无论采取哪种搭配方式，最终呈现的色彩效果都应是协调的。

## 四、编排

### （一）编排在视觉传达中的作用

在视觉传达设计中，编排是将所有的视觉元素都体现在版面上，是整个传达过程的视觉意图转化和有机组织，包括设计中的各种基本元素：框架、文字、图片、装饰线面等。① 编排是视觉传达设计中的一个重要手段，它也是视觉传达设计的最终环节。编排主要包括三种类型，即平面编排设计、空间编排设计和动态编排设计。平面编排设计是针对二维平面进行的编排设计，如海报、包装、名片、报纸、展板的版式设计；空

① 贺亚婵．解构与整合：视觉传达设计中的元素分析与实践应用 [M]. 合肥：安徽美术出版社，2018：109.

间编排设计是针对三维立体空间进行的编排设计，如指示系统设计、展示设计等；动态设计是将静态的文字或图形进行编排，使他们随着时间的变化而变化，如多媒体、动画、网页等多媒体设计的编排。

在视觉传达设计中，编排的一个重要作用就是使版面内的内容有条理地分布在版面上，以便信息能够清晰、准确、快速地传播和表达。对于一个特定信息界面的具体编排而言，版面内各元素富有创意的表现以及清晰的编排，不仅方便人们获取信息，还能够产生视觉美感。因此，在视觉传达设计的编排中，形式美法则是影响编排的重要因素。版面的形式美有多种形式，如重复统一的节奏形式感、富于变化的节奏形式感、轻松、优雅的韵律形式感、富有创意的变异形式感、对比的空间形式感等。符合形式美法则的编排设计能使版面更加生动、简洁、协调，从而获得更好的视觉效果。

### （二）编排在视觉传达设计中的设计原则

编排作为视觉传达设计中的一个要素，针对其进行的艺术设计需要遵循一定的原则。当然，并不是每种编排设计都需要遵守这些原则，而是在相应的情况下应遵守相应的原则。具体如下所述。

1.主次编排原则

在视觉传达设计中，整个版面中各个要素的安排需要遵循一定的主次关系，即主要内容应占据主导地位，次要内容则占据次要地位。通常情况下，版面内各要素的主次安排可通过调节要素的大小、色彩、轻重等来实现。例如，当图形占据主导地位时，在编排设计中，图形应被安排在醒目、突出的位置，而文字等元素则应被安排在次要位置；而当文字占据主导地位时，文字则需要被安排在醒目、突出的位置，图形等元素则应被安排在次要位置。

2.方向编排原则

在视觉传达设计中，版面的方向能够起到引导视觉流程的作用，并使版面产生节奏感和形式感。这是由人的生活感受和心理感受共同作用下产生的一种心理反应。视觉流程的运动、文字排列方向、图像内在动势、色彩分割方向等，都能引起不同的心理感受。因此，在编排设计中，设计师可以以方向编排原则为指导，利用人们的心理感受和心理反应，

呈现出具有引导性的编排设计。例如，图 6-4 是地铁站中上下车的一个指示设计，通过对方向指导等元素的运用，起到了指示和引导的作用。

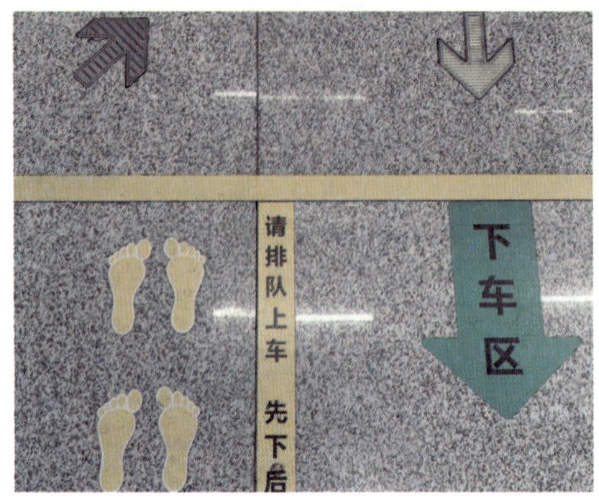


图 6-4　地铁站中的方向编排

3. 位置编排原则

在视觉传达设计中，不同元素在不同的位置能够呈现出不同的视觉效果，并使受众产生不同的心理感受。例如，当各元素集中于版面的中心位置时，会产生内聚的心理感受；当各元素分散于四周时，会产生发散的心理感受。因此，在编排设计时，要结合设计的需要对各元素的位置进行精心设计，并使各元素产生内在的联系，从而达到相应的视觉效果。

4. 比例编排原则

在视觉传达设计中，版面中各要素的比例关系以及各要素和背景之间的比例关系也是影响版面的一个因素。不同的比例关系能够呈现出不同的视觉效果，也能够使受众产生不同的心理感受，所以设计师可以结合设计的需要设计适宜的比例关系。关于比例关系，在数学中有黄金分割率、数列比例、平方根比例等概念，这些概念可以运用到版面的编排中。此外，还可以采用简洁的倍数比例，如 1 ∶ 1、1 ∶ 2、2 ∶ 3 等，这些简洁的倍数比例能够产生鲜明的对比节奏和强烈的形式感。

5. 空白编排原则

空白编排与中国传统绘画中的留白非常相似，其目的都是通过留白产生疏与密、虚与实的强烈对比，从而起到强调的作用，并产生一种格

调高雅的心理感受。空白编排看似简单，但并不是随意留出一些空白即可，而是要综合考虑版面内各元素间的关系，并使各元素和空白部分能够比较协调的分布在整个版面中，这样才能使留出的空白部分真正发挥其作用。

## 第二节　中国传统文化元素与包装设计

包装是信息传达的工具，通过产品的包装，能够将产品信息传达出去，而人们通过包装能够获取一些信息。包装设计属于视觉传达设计的范畴，所以本节以包装设计为例，对中国传统文化元素与包装设计的融合展开论述。

### 一、包装设计简述

#### （一）包装的分类与功能

1.包装的分类

从不同的依据着手，包装有不同的分类，目前常见的分类依据有产品内容、产品性质、包装形状、包装材料、包装技术和包装风格，详细分类如表 6-1 所示。

表6-1　包装分类

| 分类依据 | 类　型 |
| --- | --- |
| 产品内容 | 可分为食品类、日用品类、化妆品类、烟酒类、文体类、医药类、化学品类、纺织品类、工艺品类、儿童玩具类、土特产类等 |
| 产品性质 | 可分为销售包装（又可细分为内销售包装、外销售包装、经济包装、礼品包装等）、储运包装和特殊用品包装（主要指军需用品包装） |
| 包装形状 | 可分为大包装、中包装和小包装。大包装也称外包装，主要作用是保证运输过程中产品的安全；中包装的作用主要是对产品进行组装或套装，并加强对产品的保护；小包装也称内包装，是与产品亲密接触的包装 |
| 包装材料 | 可分为木包装、纸包装、陶瓷包装、金属包装、塑料包装、玻璃包装、棉麻包装、布包装等 |
| 包装技术 | 可分为真空包装、缓冲包装、防水包装、通风包装、压缩包装等 |
| 包装风格 | 可分为传统包装、情调包装、怀旧包装、卡通包装等 |

2.包装的功能

不同类型的包装在功能上也存在差异，但综合来看，包装的功能可归纳为四个方面，即产品保护功能、介绍说明功能、引导消费功能和产品价值附加功能。

（1）产品保护功能。保护产品是包装最基本的功能之一，在大包装和中包装中体现得尤为明显。从产品生产出来到流入市场，产品可能需要多次搬运，为了避免产品被破坏，包装必不可少。作为产品的“随身护卫”，直到产品被使用的那一天，包装保护的“职责”才算结束。

（2）介绍说明功能。包装作为一个信息传达的载体，在保护产品的同时，还具有介绍产品信息的功能。消费者在购买产品时，通常都是结合自身的需求去购买，所以在看到相关产品时，都会先了解产品的相关信息（包括功能、成分、用法、禁忌等），以便确定该产品是否能满足自己的需求。而为了使消费者快速了解产品的相关信息，商家会在产品包装上印刷一些文字和图案，从而起到介绍说明的作用。

（3）引导消费功能。以包装信息传达的功能为依托，通过对包装的精心设计，可以起到引导消费者的作用。对于消费者而言，影响购买的因素有很多，其中包装是一个非常重要的因素。而在包装的诸多因素中，文字、图片、色彩、样式等都能够对消费者产生影响，所以商家需要结合产品的定位设计相适宜的包装，从而起到引导消费的作用。

（4）产品价值附加功能。在多元化的市场环境下，包装的作用显得越来越重要。借助产品包装，产品的价值能够进一步被凸显，甚至能够被附加更多的价值。当然，产品包装是在产品的基础上附加价值，产品是核心，如果产品本身存在问题，那么附加的价值自然也就无所依附了。因此，就产品和包装而言，产品永远是核心，切忌主次不分。

### （二）包装设计的原则

在进行产品包装设计时，需要遵守以下原则（就大多数商品而言）。

1.保护性原则

此处所讲的保护性包括两个方面：一方面是指包装对产品的保护，另一方面是指产品对消费者（使用者）的保护。就包装对产品的保护来说，这是包装的一个基本功能，只有保证产品的安全，才能使产品顺利

流入市场，并被消费者购买、使用。因此，在设计产品包装时，要遵守保护性原则，避免产品在流通的过程中被损坏。就包装对消费者（使用者）的保护而言，即包装的设计不能对消费者（使用者）产生危害，针对一些危险品，在包装上应有明显的标识，提醒消费者（使用者）谨慎操作，避免受到伤害。

2. 便利性原则

便利性原则主要体现在以下四个方面。

首先，是体积适度原则。产品的体积有大有小，产品包装自然也有大有小，体积过大的产品及其包装不利于搬运，同时也会增加运输的成本。因此，在设计产品包装时，应从包装结构和包装方法上多加思考，尽可能使包装的体积最小化。

其次，是质量适中原则。同体积一样，产品的质量也有大有小，质量大的产品也会增加搬运的困难，并增加运输的成本。因此，在满足保护产品的基础上，对一些质量较大的产品和包装，应该从其结构和材料等方面多加思考，最大限度地降低产品包装的质量。

再次，是重心降低原则。低重心有助于增加产品包装的稳定性，避免因为倾斜、倾倒等造成产品的损坏。因此，在设计产品包装时，应尽可能降低包装的重心，以此来增加产品包装的稳定性。

最后，是易装易取原则。该原则主要指向两个方面：一方面是为了方便产品的搬运，因为从产品被生产出来到流入市场，中间可能需要经过多次搬运，为了提高搬运的效率，设计的包装应该易装易取；另一方面则是为了方便消费者（使用者）使用，即消费者能够轻松地从包装中取用产品。

3. 美观性原则

通常，消费者第一时间注意到的往往是包装，所以如何在琳琅满目的产品中脱颖而出，抓住消费者的视线，更多情况下取决于产品的包装。因此，包装设计需要在实用的基础上追求一定的美观性，这样才能吸引消费者的注意力。此外，随着人们审美意识的不断提高，人们对产品包装的要求也越来越高，这就需要设计师从产品包装的材质美观、外形美观、色彩美观等角度进行全面的思考，使消费者的感官认知和心理需求得到满足，进而使产品更容易被消费者接受。

4. 经济性原则

成本也是产品包装设计需要考虑的一个因素，如果成本过高，势必影响产品的利润，所以产品包装设计还需要控制造价成本，降低材料的消耗，从而以较低的成本设计出满足消费者需求的产品包装。

5. 环保性原则

在追求可持续发展的今天，绿色环保的理念已经渗透生产生活的方方面面。包装设计与生产生活息息相关，自然也受到了绿色环保理念的影响，因此包装设计也必须遵守环保性的原则。具体而言，包装设计的环保性主要体现在两个方面：一方面是包装材料的使用要适度，避免材料的浪费；另一方面是使用绿色环保材料。绿色环保的包装设计不仅有利于环境保护，还为产品树立绿色环保的形象，从而提升产品的品牌价值。

### （三）包装设计的流程

包装设计的流程大致分为五步，即设计策划、市场调研、设计执行、设计提案、设计制作，如图 6–5 所示。

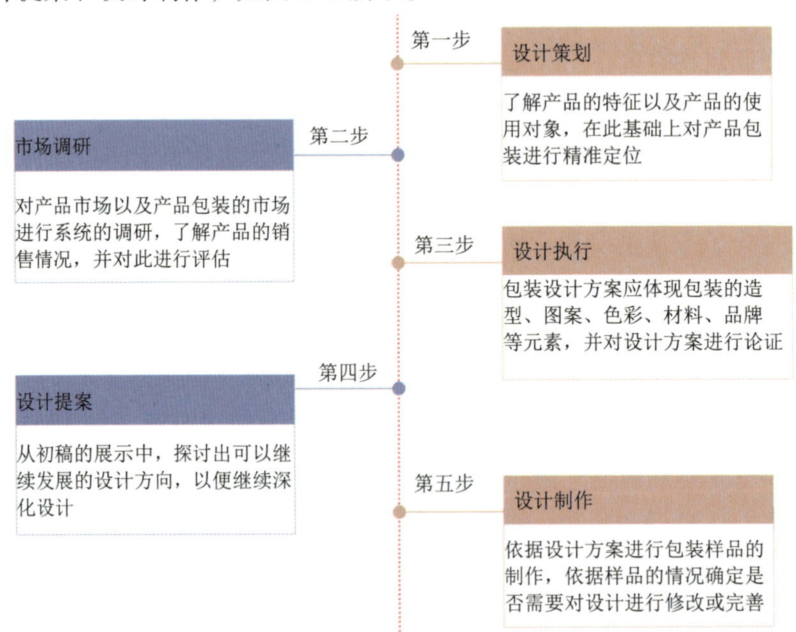


图 6–5　包装设计的流程

## 二、中国传统文化元素与包装设计的融合

在本书第四章，笔者从汉字、色彩和图形三个方面着手，对中国传统文化元素在现代艺术设计中的创意表现进行了论述。包装设计作为现代艺术设计的组成部分，自然也可以在现代艺术设计的大框架下进行思考。同时，汉字、色彩和图形又是视觉传达设计中重要的视觉要素，所以对中国传统文化元素与包装设计的融合同样可以以汉字、色彩和图形为切入点。下面便选取几个设计实践案例对其进行简要阐述。需要说明的是，下面所简述的几个案例有些在前文已有提及，但仅仅是对设计的某一方面进行了论述，而在下文，笔者将站在包装设计的视角下，从一个更加全面的角度展开论述。

### （一）设计实践案例一

1. 包装展示图

实践案例一的包装展示如图 6-6 所示。

（a）

（b）

图 6-6 实践案例一的包装展示图

2. 设计灵感

茶是中国传统饮品之一，有着悠久的历史，而且在长时间的发展过程中，茶被赋予了深厚的文化内涵。因此，对于茶这一产品的包装设计，设计者在构思的过程中，将人文性作为一个重要的因素。此外，茶还具有高雅和清新的特征，这种特征传达出了一种意境，所以如何借助包装凸显茶的意境也是设计者着重思考的一个问题。综合来看，基于对茶的认识，设计者产生了人文性和意境追求两个灵感，并在这两个灵感的基础上设计出了如图 6-6 所示的茶叶包装。

3. 设计的思路

设计者的设计思路大致如下。

（1）在包装材质的选择上，设计者选择了低碳环保的纸包装，以体现绿色生态的设计理念。

（2）包装背景颜色主要有两种：一种是绿色，与茶叶的颜色相近，同时也体现出产品绿色、健康的特征；另一种是白色，凸显茶高雅的特征。图案的颜色主要以传统色彩中的青色为主，一方面可以凸显茶清新的特征，另一方面有助于营造悠远的意境。

（3）在图案的选择上，主要选取了山、水和城楼等图案。山、水图案搭配中国传统色彩中的青色，能够使整个画面的意境得到进一步的提升；而城楼是古代传统建筑的一个象征，该图案的运用可以体现汉中仙毫历史的悠久。

（4）在汉字的运用上，设计者选择了苍劲有力的书法字体（“汉中仙毫”和“传世珍品”），将书法中的水墨元素融入包装设计中，较好地展现了茶的特性以及茶文化的内涵。在此基础上，设计者又进行了一定的创意设计，针对“茶”字进行了笔画减省的处理，得到了一个颇具创意性的“茶”字。

总体而言，该包装设计融入了诸多传统文化元素，同时结合茶的特征和文化内涵进行了一定的创新和拓展，整体呈现出淡雅质朴的风格，与茶这一产品实现了较好的融合。

### （二）设计实践案例二

1.包装展示图

实践案例二的包装设计如图 6-7 所示。

（a）

（b）

图 6-7　实践案例二的包装展示图

2. 设计灵感

案例二同样是以茶为产品，不同的是，案例二的茶是具有地域特色的茶——和田玫瑰花茶和昆仑雪菊。和田玫瑰花生长于塔克拉玛干沙漠边缘，日照时间长，比人工培育的玫瑰花香味更加纯正，是获得中国有机、AA 绿色认证的玫瑰。玫瑰花茶性质温和，可缓和情绪，平衡内分泌，补气血，消除疲劳，改善体质，已成为人们日常饮用的饮品之一。昆仑雪菊产于海拔 3 000 米以上的昆仑山北麓，是雪域高原上生长的一种无污染纯天然耐高寒的菊花，也是世界上唯一一种在雪线上生长的野生纯天然菊花。昆仑雪菊香气扑鼻、口感极佳，而且具有非常显著的药用及保健价值，是菊花茶中的珍品。两种花茶都是在独特的地域环境中生长出来的，具有非常强的地域特色，所以为了进一步凸显两种花茶的地域特色，在设计时融合了地域性的传统文化元素，设计出了如图 6-7 所示的包装。

3. 设计思路

设计者的设计思路大致如下。

（1）要将地域性的传统文化融入包装设计中，需要挖掘地域传统文化。和田玫瑰花和昆仑雪菊都产自新疆，所以可以从新疆的传统文化中提取一些能够融入包装设计中的元素。在对新疆传统文化进行了初步的了解后，设计者选取历史悠久的新疆维吾尔族纹饰作为代表性元素进行提取再设计。新疆维吾尔族纹饰的风格独立别致，意蕴深厚，民族文化内涵丰富，蕴含着维吾尔族追求真、善、美的艺术本质，也反映着维吾尔族追求美的艺术思维和艺术表现力，以及质朴简洁的民族审美观。图 6-8 便是设计者对新疆维吾尔族纹饰进行提取再设计后得到的图案。

（a）

（b）

图 6-8　新疆维吾尔族纹饰提取再设计后得到的图案

（2）在对新疆维吾尔族的纹饰进行提取再设计后，产品包装的风格已基本确定，即以设计后的图案作为包装的主体内容。在此基础上，还应该增加一些产品说明的信息，所以在包装的正面设计者截取了部分空间，在该空间中添加了产品相关信息，而为了进一步体现该产品的地域特色，设计者除使用汉字外，还使用了部分维吾尔族文字。

（3）针对包装的材质，设计者同样选择了低碳环保的纸包装，以体现绿色生态的设计理念。

### （三）设计实践案例三

1. 包装展示图

实践案例三的包装设计如图 6-9 所示。

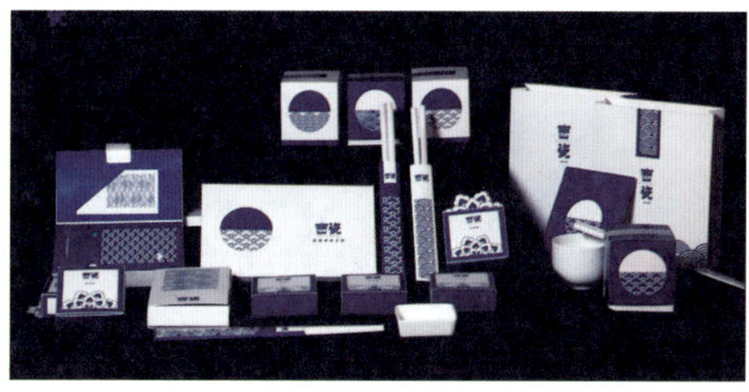

（a）

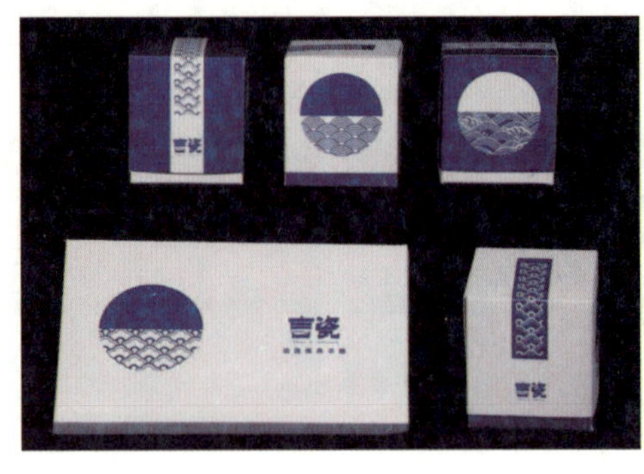

（b）

图 6-9　实践案例三的包装展示图

2. 设计灵感

中国具有丰富的饮食文化，而餐具作为饮食中必不可少的要素，也随饮食文化的丰富而形成了多种样式。如今，餐具的种类越来越多，材质也越来越多，但陶瓷餐具一直占据着主导地位，人们日常生活中吃饭用的餐具仍旧以陶瓷餐具为主。设计者便以陶瓷为材料设计了如图 6-9 所示的青花瓷包装。

3. 设计思路

（1）青花瓷上的传统纹样类型丰富，设计者没有直接将其运用到餐具包装的设计中，而是对纹样进行了提取和再设计，得到了图 6-10 所示的纹样。

图 6-10　青花瓷传统纹样提取再设计后得到的纹样

（2）在将纹样融入包装设计中时，因为餐具大小不同，餐具外包装的大小、形状自然也不同，所以对不同大小的包装，纹样的排版也要进行不同的思考。例如，图 6-11 中的两个包装，左边的包装较大，为长

方体形，所以纹样与文字采取一左一右的排版方式；而右边的包装较小，为正方体形，所以纹样与文字采取一上一下的排版方式。两种编排方式得到的版面都具有比较均衡的视觉效果。

图 6-11　不同包装纹样编排的不同

（3）在汉字的设计上，设计者针对“言”字进行了创意设计。设计者将“言”字下面的“口”置换成了一副餐具，让人直观地感受到包装内的产品是餐具。

（4）针对包装的材质，设计者同样选择了低碳环保的纸包装，以体现绿色生态的设计理念。

## 第三节　中国传统文化元素与文创产品设计

文创产品是文化创意产品的简称，是指创意人对文化资源、文化用品进行创造与提升，通过知识产权的开发和运用，而产出的高附加值产品。文创产品大多都是通过视觉途径传达其所蕴含的信息，所以笔者将文创产品的设计也归到了视觉传达设计的范畴，并以文创产品设计为例，对中国传统文化元素与文创产品设计的有机融合展开论述。

### 一、文创产品设计简述

#### （一）文创产品的分类与特征

1. 文创产品的分类

由于文创产品在生产制造、构思、营销消费等方面有其自身的特征，因此各国对文创产品的分类也存在差异。笔者认为文创产品大致可分为三类，即内容类文创产品、创意类文创产品和延伸类文创产品。

（1）内容类文创产品。内容类文创产品依据创新性、原创性、思想性的特点，包含了传统文化分析与创新、流行文化分析与创新、电影、动画、文艺演出、新闻出版等内容。内容类文创产品作为以内容为核心的一类文创产品，主要解决的是消费者需求的本质与核心问题。

（2）创意类文创产品。创意类文创产品的主要特征是通过创意对文化进行转移，即通过具体创意将内容类文化产品或传统文化及当代文化移植到产品中，消费者通过使用产品获得对文化的消费体验，从而提升传统产品的附加值。

（3）延伸类文创产品。延伸类文创产品具有非排他性和非兼容性的特征，如会展、商务服务、文化设施等可以提供文化体验的非物质性的服务和过程的产品，都属于延伸类文创产品。延伸类文创产品解决消费者在满足其精神需求的过程中附带获得的利益和效用。

2. 文创产品的特征

文创产品作为依托于文化而形成的一类产品，具有文化性、功能性和时代性的特征。

（1）文化性。文化是文创产品的核心，缺少了文化，便不能称为文创产品，所以文化性是文创产品的一个基础特征。

（2）功能性。文创产品的功能性主要体现在两个方面：一是实用功能，二是审美功能。实用功能是指文创产品能够满足人们某种物质需求的功能；审美功能是指文创产品的外在形式或内在意蕴能够唤起使用者的审美感受，满足人们的审美需求。文创产品大多兼具实用功能和审美功能，只是不同的文创产品其功能侧重不同。

（3）时代性。无论文创产品依托的文化是哪个时期的，在当前的时代背景下，文创产品的设计都不可避免地受当前时代的影响，所以文创产品或多或少地都会带有时代性的特征。

### （二）文创产品设计的表现方式

文创产品设计有多种表现方式，常见的有复刻式设计、提取式设计和诠释式设计三种。

1. 复刻式设计

复刻式设计，顾名思义就是对文化资源进行复刻，然后直接用于文

创产品设计中的一种表现方式。通过这种方式设计的文创产品能够比较完整地保留文化资源的原貌。当然，由于文化资源的体积有大有小，一些体积过大的文化资源很难实现 1 ∶ 1 的复刻，此时可采取等比例缩小复刻的方式，这样也能够比较完整地呈现文化资源的原貌。

2. 提取式设计

除采取复刻的方式外，设计师还可以从文化资源的整体造型中提取部分元素，然后将该部分元素运用到文创产品的设计中。在提取了部分元素后，可以不对该元素进行任何的创意设计，结合文创产品的需求直接运用到文创产品的设计中，也可以对该元素进行创意设计，但需要保留该元素的基本特征，然后再运用到文创产品的设计中。提取式设计具有更强的灵活性，不必拘泥于整体造型的呈现，但提取哪部分元素，提取后的元素是否需要做进一步的创意设计，如果需要，如何在保留元素基本特征的基础上体现设计的创意性，这些都是需要设计师思考的问题。

3. 诠释式设计

诠释式设计是指不囿于文化资源的外在形式，通过挖掘和解读其深层的文化意蕴，设计出与原文化资源形不同但意蕴相同的文创产品的一种表现方式。相较于前两种表现方式而言，诠释式设计更加注重内涵和意蕴的表达，属于一种高层次的文创设计，因为需要对文化资源的内涵和意蕴形成深刻的理解，并把握其本质，才能通过符号的转换将其内涵和意蕴表达出来。通过该种方式设计的文创产品或许在外形上不能看出与原文化资源的联系，但深入剖析后便可以领略其与原文化资源一脉相承的文化意蕴，进而给消费者带去一种别样的审美感受。

### （三）文创产品设计的流程

虽然不同的文创产品在设计流程上存在差异，但综合来看，其设计流程可归结为以下五个步骤（图 6–12）。

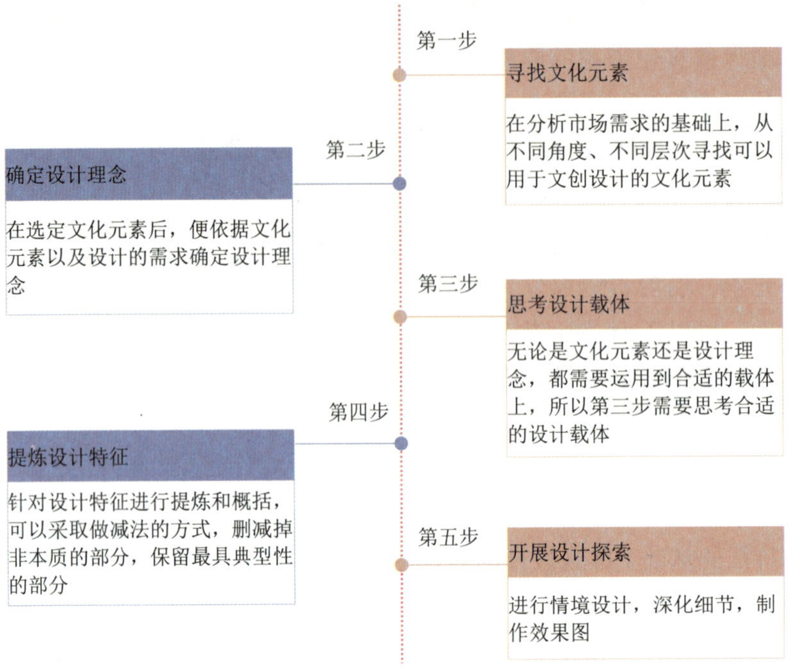


图 6-12　文创产品设计的流程

## 二、中国传统文化元素与文创产品设计的融合

在第四章创意设计方法以及第五章融合策略的指导下，笔者继续对中国传统文化元素与文创产品设计的融合展开了探究。在浩如烟海的中国传统文化元素中，笔者结合陕西传统文化特色，选取了带有半坡文化、汉画像石和大明宫元素的文创产品。下面笔者便选取几个文创产品设计实例做简要阐述。

### （一）半坡文创产品设计

1. 半坡文化简介

半坡文化是中国原始社会新石器时代的文化，距今 6800 ~ 6300 年，是北方农耕文化的典型代表。半坡人在长期的生产生活实践中，对天然矿物颜料逐渐形成了比较清晰的认识，并初步掌握了矿物质颜料提取的方法。半坡人将提取的颜料用于陶器表面的装饰，制作出了具有鲜明艺

术价值的彩陶。半坡彩陶是半坡文化的典型代表，彩陶上动物、植物等纹样不仅反映了半坡人对自然的尊崇，还在一定程度上反映了当时社会的文化特征，对我们了解和研究原始社会的社会状态以及审美价值具有非常积极的意义。

2. 半坡文创产品设计实例

设计者将半坡彩陶中的纹样提取出来，并进行了创意设计，然后将这些创意性的纹样融入文创产品的设计中，得到了如图 6-13、图 6-14、图 6-15 所示的半坡文创产品。

图 6-13　半坡文创产品——手机保护套

图 6-14　半坡文创产品——帆布包

图 6-15　半坡文创产品——U 盘

### （二）汉画像石文创产品设计

1. 汉画像石简介

汉画像石是汉代墓地祠堂、地下墓室、墓阙和庙阙等建筑上雕刻画像的建筑构石，属于祭祀性丧葬艺术。汉画像石的内容非常丰富，包括典章制度、神话传说、风土人情等各个方面。汉画像石在艺术形式上继承了战国绘画古朴之风，但同时又有自己的特色，对汉代以后的美术艺术的发展产生了深远的影响。当然，不同地区的汉画像石在艺术风格上也存在差异，如山东地区的汉画像石以质朴厚重见长，陕北地区的汉画像石以淳朴自然见长，四川地区的汉画像石以精巧俊爽见长……虽然不同地区的汉画像石风格迥异，但也正是这种差异，使汉画像石的艺术变得更加丰富多彩。它与西周的青铜器艺术、南北朝的石窟艺术一样，都是中国传统文化艺术中的瑰宝。

2. 汉画像石文创产品设计实例

汉画像石属于美术艺术范畴，所以设计者着重对其图案和颜色进行解析，并将其提取出来进行了创意设计，最后融入文创产品的设计中，得到了如图 6-16、图 6-17、图 6-18 所示的文创产品。

图 6-16　汉画像石文创产品——书签

图 6-17　汉画像石文创产品——抱枕

图 6-18　汉画像石文创产品——胸章

### （三）大明宫文创产品设计

1. 大明宫简介

大明宫始建于唐太宗贞观八年，占地面积约 3.2 平方千米，整个宫城分为前朝和内庭两部分，前朝以朝会为主，内庭以居住和宴游为主。大明宫在传承、保护、建设和发展的历程中，积淀了丰富的历史内涵和意蕴，折射出不同时代人们丰富多彩的精神世界与审美追求，突出了以自然与人文和谐交融为主体的唐文化景观。

2. 大明宫文创产品设计实例

设计者以大明宫为着手点，从中提取出了一种建筑元素和人物元素，并对其进行了创新设计，然后将其融入文创产品的设计中，得到了如图6-19、图6-20、图6-21所示的文创产品。

图6-19　大明宫文创产品——口红

图6-20　大明宫文创产品——油纸伞

图6-21　大明宫文创产品——圆扇

# 参考文献

[1] 龚舒颖 . 中国传统文化在现代建筑设计中的艺术表现 [M]. 长春：吉林美术出版社，2021.

[2] 王坤 . 中国传统文化元素与艺术设计实践研究 [M]. 长春：吉林人民出版社，2019.

[3] 张文 . 传统文化遗产视野下艺术设计教育的传承与发展 [M]. 成都：电子科技大学出版社，2018.

[4] 马景凤 . 新媒体艺术设计与中国传统文化的创新融合发展研究 [M]. 北京：中国纺织出版社，2019.

[5] 陆蕾 . 中国传统文化在高职艺术设计专业中传承与发展研究 [M]. 徐州：中国矿业大学出版社，2013.

[6] 诸葛铠 . 设计艺术学十讲 [M]. 济南：山东画报出版社，2006.

[7] 蒋蕾，万瑶，李平平 . 传统文化与现代广告设计 [M]. 长春：吉林美术出版社，2018.

[8] 范玉洁，陈艳梅 . 新媒体时代设计艺术与文化研究 [M]. 西安：西北工业大学出版社，2019.

[9] 陈妮娜 . 中国建筑传统艺术风格与地域文化资源研究 [M]. 长春：吉林人民出版社，2019.

[10] 郭继鹏 . 现代艺术设计中的传统绘画元素应用与实践 [M]. 长春：吉林美术出版社，2019.

[11] 化越 . 室内设计与文化艺术 [M]. 昆明：云南美术出版社，2019.

[12] 张淑芬 , 黄友慧 . 传统文化元素在艺术设计中的应用 [J]. 艺术大观，2021（27）：60–61.

[13] 夏璞 . 中国传统文化与艺术设计的融合策略探究 [J]. 参花（下），2021（9）：131–132.

[14] 种颖 . 中国传统文化元素在现代环境艺术设计中的应用分析 [J]. 西部皮革，2021，43（17）：129，134.

[15] 陈娜 . 浅谈环境艺术设计中传统文化元素的融入 [J]. 鞋类工艺与设计，2021（17）：70–72.

[16] 丁梦岩 . 中国传统文化在平面艺术设计中的运用 [J]. 化纤与纺织技术，2021，50（7）：133–134.

[17] 李欣洋 . 传统文化元素在现代艺术设计中的应用 [J]. 东方收藏，2021（17）：75–76.

[18] 王敏 . 民族传统文化在艺术设计中的应用分析 [J]. 艺术品鉴，2021（24）：58–59.

[19] 陆坦 . 中华传统文化元素在现代环境艺术设计中的运用 [J]. 美术文献，2021（8）：144–145.

[20] 赵雅洁 . 传统文化元素在视觉艺术设计中的体现 [J]. 艺术品鉴，2021（23）：67–68.

[21] 白海燕 . 中国传统文化元素在现代环境艺术设计中的运用 [J]. 化纤与纺织技术，2021，50（8）：131–133.

[22] 王怡坤，关静 . 当代艺术设计中 “非遗” 传统文化元素的应用 [J]. 艺术大观，2021（4）：57–58.

[23] 张家瑜 . 中国传统文化元素在现代环境艺术设计中的运用探讨 [J]. 佳木斯职业学院学报，2021，37（2）：53–54.

[24] 侯召洋 . 现代环境艺术设计中的传统文化构思探究：评《环境艺术设计》[J]. 环境工程，2021，39（1）：202.

[25] 李洋 . 现代环境艺术设计中传统文化元素的应用 [J]. 大观，2021（7）：39–40.

[26] 唐晓雯 . 传统文化装饰性美学在现代环境艺术设计中的运用[J]. 艺术大观，2021（19）：59–60.

[27] 张倩 . 传统文化元素在现代环境艺术设计中的应用 [J]. 鞋类工艺与设计，2021（12）：103–104.

[28] 黄芳 . 传统文化在茶叶包装艺术设计中的应用[J]. 福建茶叶，2021，43（6）：260–261.

[29] 杨昀轲 . 中国优秀传统文化元素对环境艺术设计的启迪 [J]. 文化学刊，2021（6）：62–64.

[30] 颜梦冉，汤纯 . 传统文化元素在现代环境艺术设计中的应用 [J]. 辽宁科技学院学报，2021，23（3）：88–90.

[31] 柏顺励 . 传统文化装饰性美学在现代环境艺术设计中的运用 [J]. 化纤与纺织技术，2021，50（6）：28–29.

[32] 肖静 . 新媒体时代传统文化在艺术设计中的应用 [J]. 大观，2020（12）：25–26.

[33] 宫新鹏 . 中国传统文化元素在现代环境艺术设计中的运用 [J]. 居舍，2021（16）：97–98.

[34] 何沛鸿 . 动漫艺术设计中传统文化元素的运用分析 [J]. 明日风尚， 2021（11）：100–102.

[35] 杨畅 . 关于传统文化元素在现代环境艺术设计中的运用 [J]. 艺术大观，2021（16）：61–62.

[36] 董光达 . 中国传统文化元素在现代环境艺术设计中的运用 [J]. 艺术大观，2020（34）：51–52.

[37] 潘莉萍 . 中国传统文化与艺术设计的融合方法初探 [J]. 明日风尚， 2021（10）：123–124.

[38] 李璇 . 传统文化元素在视觉艺术设计中的体现分析 [J]. 艺术品鉴， 2020（33）：41–42.

[39] 齐欣 . 中国传统文化在公共艺术设计中的应用研究 [J]. 明日风尚， 2020（22）：36–37.

[40] 孔文韬 . 中国传统文化与艺术设计之间的联系 [J]. 流行色，2020（3）：100–101.

[41] 张晓卉 . 传统文化与艺术设计的关系研究 [J]. 艺术教育，2016（11）：270–271.

[42] 俞兆江 . 关于传统文化元素在现代环境艺术设计中的运用研究 [J]. 财富时代，2020（10）：123–124.

[43] 李爽 . 传统文化元素在环境艺术设计中的渗透 [J]. 牡丹，2020（20）：71–72.

[44] 王喆，孙健，孙莉 . 中国传统文化与艺术设计的融合 [J]. 参花（下），2015（11）：133.

[45] 沈磊 . 现代环境艺术设计中的传统文化构思探究 [J]. 明日风尚，2020（19）：29–30.

[46] 王普 . 浅析现代环境艺术设计中传统文化的运用研究 [J]. 才智，2020（26）：11–12.

[47] 陈秀 . 中国传统文化元素在艺术设计中的运用 [J]. 中国文艺家，2020（9）：56–57.

[48] 郭晓未 . 传统民族文化与室内艺术设计理念的融合 [J]. 大观，2020（9）：50–51.

[49] 沈磊 . 现代环境艺术设计中的传统文化构思探究 [J]. 明日风尚，2020（19）：29–30.

[50] 金君 . 中华优秀传统文化元素在艺术设计中的应用 [J]. 鞋类工艺与设计，2021（19）：105–106.

[51] 杜晓莉 . 中国传统文化元素在现代环境艺术设计中的运用 [J]. 居舍，2020（25）：97–98.

[52] 张文 . 传统文化元素在现代艺术设计中的应用 [J]. 美术教育研究，2022（3）：62–63.

[53] 金君 . 中国传统文化在艺术设计中的思考 [J]. 参花（下），2021（12）：121–122.

[54] 刘晓 . 现代艺术设计中的中华传统文化元素应用分析 [J]. 天工，2021（12）：116–117.

[55] 董诗化 ."非遗"传统文化元素在现代艺术设计中的应用研究 [J]. 对联，2021，27（11）：39–40.

[56] 杨海燕，陈志芳 . 现代环境艺术设计中中国传统文化元素的运用探究 [J]. 西部皮革，2021，43（19）：88–89.

[57] 李丹 . 公共空间艺术设计中传统文化元素的运用 [J]. 艺术大观，2021（29）：46–47.

[58] 冯亮 . 如何在高校艺术设计教学中融入传统文化 [J]. 美术教育研究，2021（18）：144–145.

[59] 佘莉 . 论传统文化在艺术设计中的融合与应用 [J]. 佳木斯教育学院学报，2011（5）：56，58.

[60] 司佳荟 . 谈中国传统文化在陶瓷艺术设计中的传承 [J]. 大观，2021（4）：64–65.

[61] 陈琳 . 浅谈现代环境艺术设计中传统文化元素的运用 [J]. 明日风尚，2021（7）：84–85.

[62] 王文静 . 传统民族文化元素在现代环境艺术设计中的运用 [J]. 艺术大观，2021（14）：52–53.

[63] 郭炳晨 . 传统文化元素在现代环境艺术设计中的运用 [J]. 文化产业，2021（12）：45–46.

[64] 边哲，王婧 . 从历史中发现未来　在未来中传承历史：环境艺术设计要突出弘扬中国传统文化的内核 [J]. 吉林艺术学院学报，2021（2）：24–28.

[65] 田鲁 . 基于建筑理念的传统文化融入环境艺术设计分析 [J]. 美与时代（上），2021（4）：9–11.

[66] 宋冉 . 环境艺术设计中传统文化元素的应用研究 [J]. 大观，2021（4）：30–31.

[67] 由然，张晓琳 . 传统文化元素在广告艺术设计中的应用研究 [J]. 青春岁月，2021（7）：68–69.

[68] 任志涛 . 传统文化装饰性美学在现代环境艺术设计中的运用 [J]. 今古文创，2021（13）：108–109.

[69] 刘菁 . 现代环境艺术设计中中国传统文化元素的渗入探究 [J]. 现代园艺，2021，44（4）：104–106.

[70] 王近秋，王凤 . 中国传统茶文化与环境艺术设计专业特色融合的探索 [J]. 福建茶叶，2021，43（2）：172–174.

[71] 杜婷 . 传统文化中的艺术设计思想探微 [J]. 今日财富，2020（24）：208-209.

[72] 杨琳 . 现代环境艺术设计中的传统文化构思 [J]. 品位经典，2020（12）：66-68.